跟着语文课本长知识

课本里的名人故事

政治科技篇

王有宏 / 著

长江出版传媒　长江文艺出版社

目 录

尧　帝：仁德治天下 …………………………………… 001

大　禹：洪水大作战 …………………………………… 009

扁　鹊：精于望诊的神医 ……………………………… 017

西　施：美丽与勇气谱写的传奇 ……………………… 025

蔺相如：谋定而后动 …………………………………… 031

吕不韦：两千年前的营销高手 ………………………… 038

苏　秦：凭一张嘴换来六国相印 ……………………… 045

项　羽：千古悲情英雄 ………………………………… 052

刘　邦：从布衣到开国皇帝 …………………………… 059

张　衡：仰望星空的"科圣" ………………………… 070

蔡　伦：用一张纸改变世界 …………………………… 078

曹　操：治世能臣，乱世奸雄 ………………………… 085

王　戎：是名士也是俗人 ……………………………… 094

祖冲之：中国古代数学巨匠 …………………………… 102

毕　昇：点燃印刷变革的火种 …………………………… 110

李时珍：尝遍百草成药圣 …………………………… 119

尧帝：仁德治天下

人物小传

尧，上古时期华夏部落联盟首领。相传为黄帝后裔，名字叫伊祁放勋，是"三皇五帝"中"五帝"之一。他厚德仁义，开禅让之先河，是儒家心目中理想的君主形象。

人物故事

仁德服人

在上古时期，也就是比我们现在已知的最早的朝代夏朝还要久远的年代，华夏大地上生活着一个又一个部落。

尧是黄河流域部落联盟的首领，被称作帝尧或尧帝，也称唐尧、大尧。

相传，尧是黄帝的后裔、帝喾（kù）的儿子。尧的母亲是帝喾的妃子。尧在外祖父家出生，所以随母亲姓伊祁（qí），名叫放勋。

帝喾去世以后，尧的长兄挚继位。但是，挚没有什么才能，把天下治理得一团糟。仅仅过了九年，他就众叛亲离，被赶下台。在众多部落的推举下，尧成为新的联盟首领。

就在这个时候，大洪水时代到来了。

当时，因为黄河泛滥和海水倒灌，河济[1]一带环境恶劣、不利于人类生活、生产，尧必须带领百姓避开水患，寻找新的家园。

他们一路向西，渡过黄河，来到河北地界；又翻过太行山，到达山西腹地太原一带。后来，尧在汾河谷地的平阳，也就是如今的山西临汾一带建都，称作"唐"。"唐尧"的称呼，就来源于此。

尧生活十分简朴，吃的是糙米饭，喝的是野菜汤，身上穿的是麻布衣，天冷了就披上兽皮。大臣们提议给他建一座宫殿，他却带人上山砍来木头和茅草，盖了几间茅屋。大家觉得这样的茅屋显不出帝王的威风。尧说："建造宫殿劳民伤财，有什么威风可言？"

据说尧经常到各地体察民情。看到有人没吃的，他就把干粮拿出来，宁愿自己吃野菜。看到有人衣不蔽体，他也会脱下自己的衣服送给别人。

一次，尧看到有个人被绑着示众，一问，原来这人因为没吃的、偷了粮食。尧非常自责，让随从把自己也绑起来，跟那人一起接受处罚。

大家纷纷说:"他偷东西,跟您有什么关系啊?"尧叹息道:"有人饿肚子,有人没衣服穿,有人偷东西,这都是因为我没有治理好天下,怎么能说跟我没关系呢?"

于是,尧在"宫殿"外设了一面"敢谏之鼓"。不论是谁,只要有意见,都可以敲响这面鼓。尧听到之后,就会立刻接见。他还命人在交通要道竖起"诽谤之木",派专人值守。百姓有意见和建议,都可以向值守人陈述。

退位让贤

尧虚心听取意见、兢兢业业,百姓们生活越来越好。可是,他觉得还不够,一有空闲,他就外出寻访名人能士,请他们到朝堂任职。史料记载,尧手下有能臣九人——也有说十一人的,可谓人才济济。

不过,尧也有碰壁的时候。当时,有个叫许由的人,是个名士,崇尚自然无为。尧去拜访他,打算请他出山做九州长。许由毫不犹豫地拒绝了。不仅如此,他还跑到河边去洗耳朵。

刚好,许由的朋友巢父牵着牛在河里饮水。巢父就很奇怪,问他:"你这是干什么?"许由说:"尧想让我当九州长,我不乐意听这种话,简直脏了我的耳朵!"

巢父也是个有个性的人,嘲讽道:"要是真不乐意听这种话,你干吗不隐居到深山老林里,让谁都找不到你?说来说去,你还不是想赚个好名声？我得赶紧把牛牵走，别让你洗耳朵的水脏了牛的嘴！"

后来尧年纪大了，觉得治理天下有些吃力，便让四岳②推荐继任者。四岳推举了舜，说这个人既有能力又有孝行，是合适的人选。尧把舜召到身边，考察了他三年，觉得他确实不错，于是就将帝位禅让给了他。

舜即位后励精图治，任用贤臣，开创了政通人和的新局面，果然没辜负尧的期望。

注：

①河济，指黄河和济水。古人把四条独自流入大海的河流称为四渎，河、济是其中两条，另两条为（长）江、淮（河）。济水是黄河下游的一条重要支流，后被黄河改道所夺。河济一带，是当时华夏政治中枢所在。

②四岳，即羲仲、羲叔、和仲、和叔，相传为尧四位大臣。他们受尧的指派分管四方，所以叫四岳。

联系与思考

推贤让能

尧帝的故事让我们联想到了"推贤让能"这个词。贤,是指有才干有德行的人;能,有能力的人。这个词的意思是说,要举荐贤能之人,把位置让给他们。人才是社会发展前进的动力,只有挖掘人才、培养人才,给有才能、有德行的人提供广阔舞台,让他们尽情施展自己的才华,社会才能不断发展、进步。

课本延伸

出处:五下·第三单元·综合性学习:遨游汉字王国

皋陶与司法

不知你有没有注意到,有些法院门口摆放着一种造型奇特的石雕,样子像狮子或麒麟,头上却长着一只角。它是什么?为什么要摆放在这里?

说起来,这跟尧帝的大臣皋陶还有一段渊源呢。

皋陶,相传为尧舜时人,担大理官一职(即司法长官),负责刑罚方面的事务,以公正著称。所以,后世把他奉为司法鼻祖。

皋陶制定法律、创立监狱，是古代声名远播的刑狱之神。传说，他长相十分奇特，皮肤是青绿色的；声音低沉喑哑；嘴又长又尖，像马嘴。皋陶有一头神兽，名字叫獬豸（xiè zhì）。这种神兽，大的有牛那么大，小的像羊，头上有一只独角。

据说，獬豸就像测谎仪一样，能判断一个人说的是真话还是假话、有罪还是无罪。皋陶审理案件时，如果有疑问，就把獬豸放出来。獬豸用角顶哪个人，就说明哪个人有罪。那些心里有鬼的人惧怕皋陶，纷纷逃离，于是天下太平。

没错，法院门口摆的石雕就是獬豸。当然，现在肯定不是要用它来测谎，而是用它象征司法的公正严明。

拓展阅读

华　表

天安门城楼前面和后面立着四根巨大的华表。有一种说法称：这两对华表，一对叫"望君出"，提醒君主不要老是待在宫殿里寻欢作乐，要常出去看看民间疾苦；一对叫"望君归"，提醒君主不要在外面流连，赶快回来料理政务。

据考证，华表其实脱胎于表木。所谓表木，就是竖立在城门、路口、桥头等地方，起指示作用的标识，也叫恒表。

表木顶部装有指示方位的横板，又立于醒目位置，于是就有了"公共留言板"的意味，变成供人留言的"诽谤之木"。这里的"诽谤",并非无中生有、污蔑人,而是"批评,指责过失"的意思。

因为木头容易腐朽,后来,人们就用石柱代替,并在上面雕刻花纹做装饰。慢慢地,它也就变成宫殿、陵墓等建筑的装饰物,象征着虚心纳谏,成为一种文化符号。

华表的来历,居然可以追溯到尧帝设立的"诽谤之木",没想到吧?

漫画小剧场

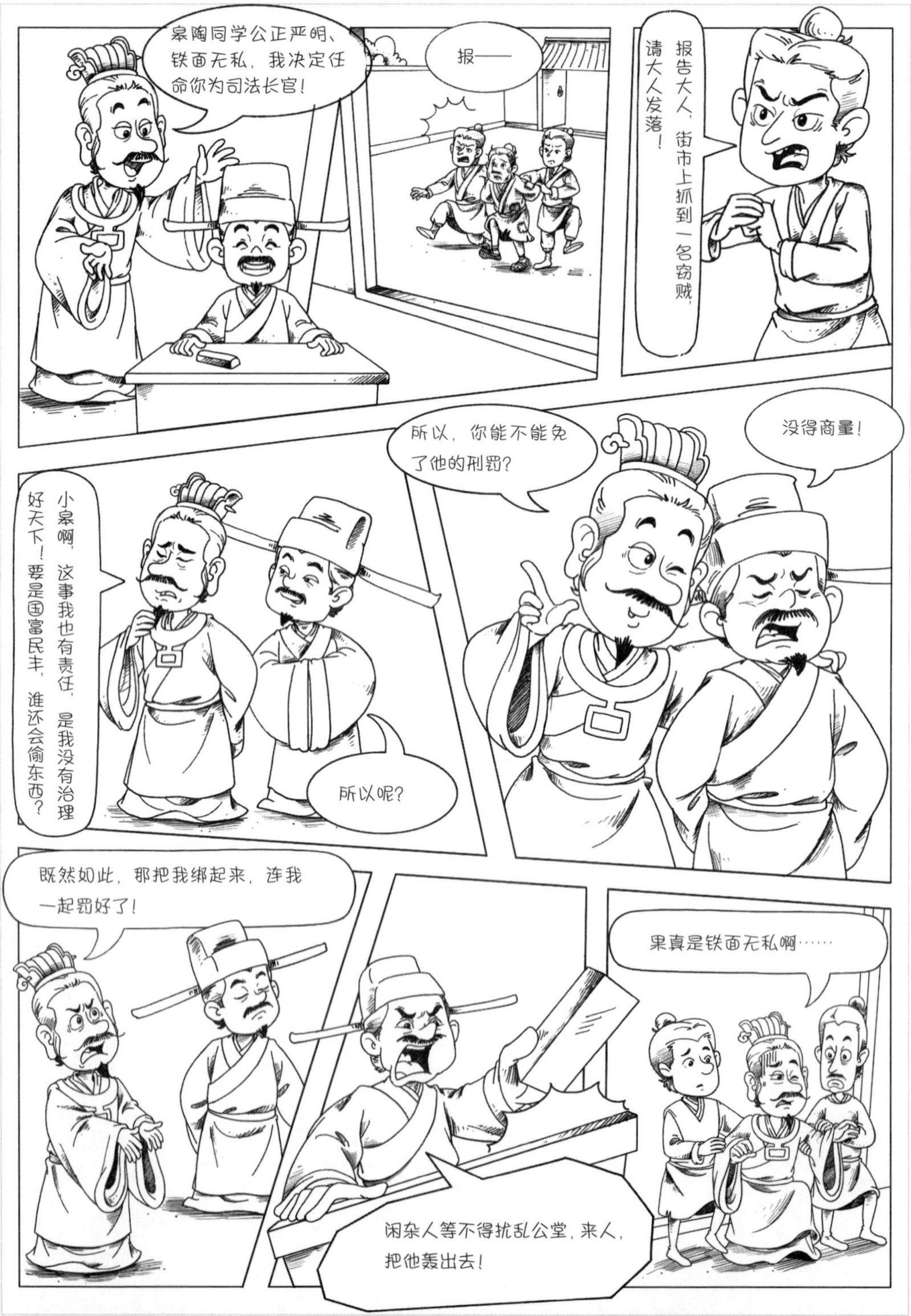

尧帝说情

大禹：洪水大作战

人物小传

禹，又称伯禹、夏禹，是中国历史上第一个王朝——夏朝的创立者。他带领百姓历经艰难险阻，疏通江河，驯服泛滥的洪水。为纪念他的功绩，人们尊称他为"大禹"，即"伟大的禹"。

人物故事

子承父业

我们前面说过，尧帝当政的时候，洪水泛滥，淹没丘陵、包围了高山，人们不得不频繁迁徙，以躲避水患。尧很头疼，就向分管四方的四位大臣征求意见，请他们推荐能够治理洪水的人才。

四岳推荐了鲧（gǔn）。尧说："鲧这个人老是不听命令，又搞不好内部团结，用他不好吧？"四岳和一众大臣都说："现在没有比鲧更好的选择了，要不先让他试试？"于是，尧就任命鲧来治理水患。

鲧是一位筑城专家，他采用"障水法"，也就是堆筑堤坝的办法，来对付洪水。他带人在河边、城外修建堤坝，试图阻挡洪水。这办法一开始管用，但后来水越积越多，最后要么漫过堤坝，要么冲毁堤坝。

鲧努力了九年，除了白费工夫，没有取得多大成果。

这时，舜被推举上来，受到重用，代尧帝治理天下。

舜巡查了鲧的治水工作，认为非常糟糕，便下令解除鲧的职务，将他流放到羽山[①]。不久，鲧就死在那里。

洪水还在肆虐，怎么办？舜让鲧的儿子禹负责这件事。

禹总结了父亲的经验和教训，认为治水需要"导"而不是"堵"。这个"导"，就是疏导的意思。具体来说，就是要疏通淤塞的河道，把蓄积的洪水往地势低的地方引导，使其最终汇入大海。

驯服洪水

禹确定方针之后，带领人马，开始了行动。他们先从都城附近的昭余祁[②]入手：在吕梁山地势最低的一段开凿通道，使湖水泄出，辗转汇入黄河，从而从根本上解决了都城一带的水患问题。

为了让昭余祁的水顺利下泄，禹和他的部下顺着湖水冲刷出来的新河道，沿途清理土石，一路到达古龙门。

古龙门在如今陕西韩城一带，当时此地山崖高耸，黄河水难以顺畅通过。为了打通这一处梗阻，禹花了好几年时间。最终，他们将龙门凿开一道豁口，终于让蓄积的洪水倾泄而出。

接下来，禹又开凿了三门峡等处的河段，使黄河中游两岸的洪水也逐渐退去。

那么，治水算是成功了吗？远远没有。禹清楚地意识到，他马上就要面对最艰巨的任务了。

黄河下游流经广袤的黄淮平原，水势大时，触目所及皆是一片泽国，根本不知道原本的河道在哪里。且不说如何准确找到疏导洪水最简短的路径，即便找到了，还有更头疼的事。当地那些部落和氏族，都不愿意疏导洪水的通道通过自己的地盘，都想把通道修到对方的土地上。

谁能想到，搞个水利工程还得做民间纠纷调解员呢？

禹的应对之策，是做好规划，不仅疏通河道，还挖通田间水渠，扩大耕地面积，让受影响的百姓移居到条件更好的地方。禹有两个杰出的助手，一个叫伯益，一个叫后稷（jì）。他们教百姓打猎、种植，在饥荒的时候调剂食物。总之，就是想尽一切办法让百姓的生活安定下来；百姓安定了，工作就好做了。

插叙一句，后稷被后世尊为农神。他从小就喜欢种植，长大后成为农业专家，被认为是最早开始种稷和麦的人。

就这样，禹先后疏通了中原的九条大河，把九个大泽里的积水疏导出来，使华夏大地不再遭受洪水之苦。

禹治水成功后，受到百姓拥戴和支持。舜见此情形，就把帝位禅让给了禹。舜去世以后，禹在各大氏族的拥护下正式即位，定国号为夏。

夏朝的建立，标志着漫长的原始社会结束，华夏大地从此进入早期国家时代。

注：

①《尚书·舜典》注："羽山在东海祝其县西南，鲧殛处也。"《汉书·地理志》也持此说法。东海祝其县，大致在今江苏连云港市赣榆区。

②昭余祁，古湖泊名，位于晋中盆地中南部。据文献记载，先秦时期，昭余祁"方圆数百里，烟波浩渺"，是一个巨大的湖泊。到汉代，因为淤堵，昭余祁变成若干个小湖泊。又过了千余年，这个湖彻底湮废消失了。

漫画小剧场

三过家门

联系与思考

大禹治水　堵不如疏

鲧和禹父子二人治理洪水的故事，让我们明显地看到：堵不如疏。

面对问题和挑战，采取压制和阻止的方法往往会导致更多的问题、带来更大的危机。而通过疏导，我们可以将问题一点点化解，促进积极的变化，最终将危机消解于无形。

课本延伸

出处：二上·语文园地六·我爱阅读·大禹治水

三过家门而不入

大禹治水，最为人熟知的典故是"三过家门而不入"。我们都知道，这里的"三"并不是指"三次"经过家门口，而是"多次"的意思。为什么呢？这涉及汉语中一个有趣的问题——数词虚指。

数词虚指，是说某些数词有时并不表示确切数目，而只是一个"虚数"，用来表示数量多或数量少。

比如，"三思而行""三番五次"中的"三""五"表示很多次、屡次；"七嘴八舌"，不是七八个人，而是很多人，形容人多嘴杂。

常用来表示虚指的数词有"一、三、五、七、八、九、十、百、千、万"。其中，"一"最小，多用来表示数量少，如"九牛一毛""一毛不拔"中的"一"。但是，"一"有时也用来表示全部，如"一心一意"，这个词也可以写作"全心全意"。

此外"十二、三十六、七十二"也常用来表示虚指。如"三十六计，走为上计"，"三十六"本意是说计谋非常多。再如"三百六十行，行行出状元"，这里的"三百六十行"指的是各行各业。

最后考考你，你觉得"八宝粥"的"八"，是实指还是虚指呢？

拓展阅读

白圭治水

战国时期，有个叫白圭的人在魏国当丞相。

当时，魏国的都城大梁离黄河很近，城中常遭水灾。为此，白圭命人在黄河边修筑了高高的河堤，将河水挡在城外。他要求手下人经常巡查堤坝，一发现漏洞，就立即补好，哪怕是极小的蚂蚁洞。手下人不理解，白圭告诉他们："别小看那些蚁穴，你不管它，它就会慢慢变大，最终不可收拾。"

成语"千里之堤，溃于蚁穴"就是从这里来的，比喻微小的隐患也会酿成大的灾难、造成难以估量的损失。

对自己治水防洪这套办法白圭很是得意，经常吹嘘说："我治水的办法，可能比大禹还要厉害吧！"

孟子听到这话，毫不客气地批评他说："你错了！大禹治水，遵循的是水流的自然规律，让大海作为容纳洪水的场所。你倒好，自己国家免于水患，却把洪水引向邻国，这是以邻为壑（hè，深沟）啊，哪里是仁义之人能做出来的事？"

这个典故记录在《孟子·告子下》。此后，人们就用"以邻为壑"来比喻只图自己一方的利益，把困难或祸害转嫁给别人的行为。

扁鹊：精于望诊的神医

人物小传

扁鹊，春秋时期名医，齐国卢邑（今山东长清）人，也有记载为渤海郡（今河北任丘）人。扁鹊是历史上第一位有正式传记的医学家，被民间尊为"医祖"。

人物故事

医术高超

扁鹊本名叫秦越人，年轻时在客舍做舍长，大概相当于现在的旅社主管。后来，他跟长桑君学习医术，练就一身高超本领。

他医术有多高呢？从"扁鹊"这个称号就可以看出来。

一种说法认为，"扁鹊"是上古黄帝时期的神医，因为秦越人医术像扁鹊一样神，于是人们把他也称为扁鹊。另一种说法是，秦越人的到来，能让病人逢凶化吉，就像翩然而至、带来佳音的喜鹊一样，所以人们用"扁鹊"来称呼他（"扁"即"翩"）。

扁鹊周游列国，为人治病，所看的病，无不药到病除。

有一次，晋国大夫①赵简子病了，五天不省人事。其他官员非常担心，就把扁鹊叫来。扁鹊诊脉之后，说："没事，不出三天就会好。以前秦穆公也出现过这种情况，昏迷七天才醒。"果然，刚过两天半，赵简子就醒了。

后来，扁鹊路过虢（guó）国，听说虢国太子得急病死了，问明情况后，让人禀告虢国国君，说他有办法让太子复活。大家都认为他是在胡说，结果，扁鹊利用针灸和汤药，真把太子救活了。原来太子只是昏厥，并没有真的死去，大家都被假象蒙蔽了。

神医也没辙的病人

蔡桓侯听闻扁鹊的大名，特地请他相见。谁知扁鹊是个直性子，一见蔡桓侯就说："看您脸色，好像有病啊！还好，病灶在皮肤和肌肉之间，吃点药就能好。"蔡桓侯摇摇头，说："我没病。"

会见完毕，扁鹊出去以后，蔡桓侯不以为然地对左右侍从说："当医生的总喜欢夸大其词，明明没病，非要说你有病，然后给你治，说是他的功劳。"

过了十天，扁鹊见到蔡桓侯，又对他说："您的病已经到血脉了，不治的话，恐怕会加重啊！"蔡桓侯有点不高兴，摇摇头说："我没病。"又过了十天，扁鹊再去见蔡桓侯，说："您的病已经到肠胃了，不能再拖了。"蔡桓侯没搭理他，心里烦透了。

然后又是十天。这次，扁鹊见到蔡桓侯，老远望了一眼，扭头就走。蔡桓侯有点莫名其妙，派人去问扁鹊咋回事。扁鹊说："之前，桓侯的病，不管用汤药还是针灸、药酒，都有办法治。现在病灶已经到了骨髓，神仙也没辙，我哪儿还敢开口啊。"

几天以后，蔡桓侯突然病倒。他这才想起扁鹊的话，赶紧派人去请扁鹊。谁知，扁鹊早已逃走。没过多久，蔡桓侯就病死了。

医生治病，需要患者的高度信任和配合。像蔡桓侯这样不信任医生的患者，扁鹊也惹不起，只能躲着走。

当然，这样的事情扁鹊经历得不少。于是他总结了一个"六不治"，即面对六种情况的病，医生也没奈何。

哪六种情况呢？大致来说，就是不讲道理不遵医嘱，不重

视健康不舍得花钱，不能下决心改变不良生活习惯，不信任医生，内脏功能不稳定，身体太弱不能服药。其中前四种情况，对我们现在仍有启示意义。

比扁鹊更高明的医生

传说扁鹊有两个哥哥，也是医生。有一次，魏文王问扁鹊："你们兄弟三人都行医，到底哪一位水平最高呢？"

扁鹊说："我大哥水平最高，二哥差一点儿，我最差。"

魏文王很好奇："既然如此，为什么你最出名，而你那两位哥哥，我们都没怎么听说过？"

扁鹊解释说："我大哥治病，是在疾病还没有冒出苗头的时候，就把它消灭了。一般人不理解这个，不会认为是我大哥的功劳，反而觉得自己没病。所以，我大哥的名气没法传出去，只有我们家里人才清楚。

"我二哥治病，是在疾病刚开始的时候就迅速把病情阻断，不让其进一步发展。而在一般人眼里，这只是些小毛病，算不上有能耐。所以，他的名声只在我们家乡一带流传。

"至于我治病，往往是在病情很严重的时候，要么用药，要么扎针，要么放血，看起来阵仗很大，人们自然觉得我医术高明。其实，能给人治病只是下等医生；能提前预防，让人不生病、少生病的医生，才是上等医生。"

扁鹊最后总结的这句话，用中医里的说法，叫"上医治未病，下医治已病"。"已病",就是已经发生的疾病,属于现在的临床医学范畴;而所谓"未病",就是还未发生的疾病,这已经是预防医学的概念了。

后来,扁鹊被秦武王请去治病,效果很好。秦武王很高兴,打算封扁鹊为太医令[2]。秦武王原来的太医李醯(xī)嫉恨扁鹊医术高明,觉得他抢了自己的风头,便派人假扮猎户,将扁鹊暗杀了。

注:

[1]大夫(dà fū),古代官职。西周以后先秦诸侯国中,在国君之下,官员分卿、大夫、士三级。

[2]太医令,古代医官职名,是掌管宫廷医药事务的最高官员。

联系与思考

防微杜渐

忽视小问题会导致大麻烦。正如蔡桓侯的病,一开始只是在皮肤上,后来逐渐发展,一步步侵入皮肉、肠胃、骨髓,最后连扁鹊也无能为力。

千里之堤,溃于蚁穴。所以,高明的医生,往往会在疾病初期就着手治疗,在问题还很微小的时候及时解决。世间的事情跟疾病一样,也有最初的萌芽阶段,防微杜渐、及早处理,才能防患于未然。

课本延伸

出处：四上·课文27·故事二则·扁鹊治病

讳（huì）疾忌医

蔡桓侯得了病却不愿意治，结果枉送性命，给后人留下一个典型的反面案例。后来，人们根据这个故事，总结出一个成语——讳疾忌医，意指隐瞒疾病、不愿医治，比喻怕受批评而掩饰自己的缺点或错误。

纸里包不住火，疾病早晚会发作；而缺点不克服，错误不改正，早晚会引发大问题，给自己和别人造成大麻烦。正视问题和缺点，勇于面对自己的不足，积极寻求解决办法，我们才能不断提高自己。

拓展阅读

中医四诊法

中医四诊法，是扁鹊在总结前人经验的基础上提出的四种诊断疾病的方法，分别为望、闻、问、切（qiè）。

"望"即望诊，指对患者的神色、体态、舌苔、排泄物、分泌物等进行观察。"闻"即闻诊，分为听声音和闻气味两个方面；听患者说话声音的高低、呼吸的粗细、咳嗽的轻重，以及闻某些气味等。"问"即问诊，指询问患者的症状、感受、病情变化、诊治经过等。"切"即切诊，包括切脉和按诊两方面：切脉主要是考察患者脉象，按诊主要是按肌肤、四肢手足、胸腹、腧穴等。通过四诊，医生可以对病情有全面的了解，方便进行相应的治疗。

这四种诊法，至今仍然被普遍使用，是中医大夫辨证施治的重要依据。

漫 画 小 剧 场

"致命"误会

西施：美丽与勇气谱写的传奇

人物小传

西施，姓施，名夷光，又称西子。春秋末期越国诸暨（jì）（今浙江省诸暨市）人，与王昭君、貂蝉、杨玉环并称中国古代"四大美人"，并居首位。

人物故事

沉鱼落雁

春秋战国时期，华夏大地上诸侯国林立。在如今东南沿海的浙江、福建一带，有一个诸侯国叫越国。越国境内的浦阳江①畔有一座小山叫苎（zhù）萝山，山下有个村子叫苎萝村。

这苎萝村分为东西二村，西村住着一户姓施的人家，靠卖柴为生。别看家境贫寒，施家的闺女施夷光却生得貌若天仙。据说，她眉目如画，面若桃花，体态婀娜（ē nuó），摇曳生姿。因为是住在西边的施姓人家的闺女，人们便用"西施"来称呼她。

西施经常到浦阳江边浣（huàn）纱②。她的倩影倒映在水中，过往的鱼儿都被她的美丽吸引，忘记了游动，慢慢沉入水底。于是，就有了"沉鱼"这个典故，用来形容女子长得漂亮。

与"沉鱼"类似的还有另外一个典故，叫"落雁"，不过说的就不是西施了，而是汉朝的王昭君。

汉元帝时，南匈奴首领呼韩邪单于（chán yú）入京朝见，表示愿意归附汉朝，并请求联姻。于是，汉元帝就从宫女中挑选了王昭君，把她以公主的名分嫁给呼韩邪单于。后来，王昭君被封为"宁胡阏氏③（yān zhī）"，为国家带来了和平与安宁。

相传，昭君出塞④时，耳听着秋风马鸣、想到即将告别故土，心绪难平，就在马背上拨动琴弦，弹了一首离别之曲。天上南飞的大雁听到悦耳的琴声，看到马背上美丽的女子，一时都忘了扇动翅膀，纷纷跌落下来。从此，昭君就有了"落雁"的美名。

以身报国

越国北边有个诸侯国叫吴国，当时，吴越两国经常打仗。

公元前496年，吴越之间又一次爆发战争。越国实力本不如吴国，但在越王勾践的带领下，越国竟然把吴国打得落花流水。吴王阖闾（hé lǘ）也在大战中受伤，不久就去世了。

阖闾的儿子夫差继位后，把这次失败视为奇耻大辱，发誓要报杀父之仇。经过两年休整，夫差重新组织起一支军队，开始攻打越国。这一回，越国大败，越王勾践投降。

夫差没有杀掉勾践，而是让他给阖闾守墓，兼做养马的事情。为了迷惑夫差，勾践装作非常忠心的样子，甚至不惜自轻自贱。有一次夫差病了，勾践竟然去尝夫差的大便，说是可以帮助判断病情。就这样，夫差放松了警惕，让勾践回到越国。

著名的卧薪尝胆的故事，就发生在这之后。勾践回国以后，发愤图强，加紧练兵、屯田，困了就睡在柴草堆上，吃饭前必先舔一下苦胆，提醒自己不要忘了先前受到的耻辱。另一边，勾践还采纳了大臣范蠡（lí）的计策，选送美女给吴王夫差，让夫差沉迷于享乐。西施就是被选中的那个人。

西施被送到吴国后，吴王夫差果然被美色迷晕了，不是建馆娃宫，就是建长洲苑，整天只知道吃喝玩乐、贪图享受，无心处理国事。

十年以后，越国强盛起来，终于灭掉吴国。

相传，吴国灭亡时，范蠡生怕勾践给他来个"鸟尽弓藏，兔死狗烹[5]"，便悄悄带着西施弃官而去，谁也不知道他们去了哪里。

注：

①浦阳江是富春江的支流，流经诸暨市，经萧山注入钱塘江。浦阳江流经苎萝山下的河段，因西施曾在此浣纱而闻名，也被

称为浣江或浣纱溪。

②浣纱，浣是洗涤的意思；纱是一种布料，代指衣服。浣纱也就是洗衣服，这是古人文雅的说法。

③宁胡阏氏，"胡"即匈奴，"宁胡"是使匈奴安宁的意思，"阏氏"是匈奴人对首领夫人的称呼。

④"塞"指的是边境上险要的关塞，"出塞"就是到关塞外面去。一般认为，昭君出塞的"塞"指的是光禄塞，遗迹在如今内蒙古包头市固阳县一带。

⑤鸟尽弓藏，兔死狗烹：意思是说，飞鸟打尽了，就把弓收起来；兔子死了，就把猎狗煮熟吃掉。比喻事情成功之后，就把出过力的人抛弃或杀掉。

联系与思考

东施效颦（pín）

西施有心口痛的毛病，犯病的时候，她总是用手捂着胸口、眉头紧皱，这个样子更让人觉得楚楚可怜。人们都说，她这模样比平时更美丽。

东村也有一个姓施的姑娘，人称东施，长得丑。东施见西施皱眉捂心口的样子这么受欢迎，便也跟着学——"效"是效仿的意思，"颦"是皱眉的意思。她这一学不要紧，人们觉得她更丑了，赶紧躲得远远的。

长得丑不是东施的错，如果她踏踏实实做自己，不装模作样，谁也不会讨厌她。可她盲目模仿西施，把自己衬托得更不堪。这个故事告诉我们，向别人学习，一定要从实际出发，生搬硬套只会适得其反。

课本延伸

出处：三上·课文17·古诗三首·饮湖上初晴后雨

欲把西湖比西子，淡妆浓抹总相宜

《饮湖上初晴后雨》是宋朝文学家苏轼描绘杭州西湖美景的一首诗。

这首诗后两句意思是说，若把西湖的美景比作天生丽质的西施，那么，晴天的西湖就如化浓妆的西施，雨天的西湖就如画淡妆的西施，不管怎样都是美丽宜人的。

西子即西施，她忍辱负重、以身报国，所以后人尊称她为"西子"，并把她看作美的化身和代名词。

自从苏轼用西子比喻西湖，西湖就又有了一个别名——"西子湖"。

拓展阅读

闭月羞花

我们前面讲过"沉鱼落雁"。"沉鱼"说的是西施,"落雁"说的是王昭君。"闭月羞花"也是两个人,分别指貂蝉和杨玉环。

貂蝉是通俗小说《三国演义》中虚构的人物,正史并无记载。据说,貂蝉有一次在后花园拜月,明月看见貂蝉的美貌,自愧不如,便招来一块浮云将自己遮住,这便是"闭月"。

杨玉环是唐玄宗李隆基的妃子,又称杨贵妃。传说杨玉环刚进宫时,有一次无意间碰到一朵花,花朵竟然立即蜷缩起来。于是,宫女们便说这是花朵在杨玉环面前自惭形秽,羞得抬不起头。从此,"羞花"就成了杨玉环的雅称。

西施、王昭君、貂蝉、杨玉环,被称为古代四大美人。在人们心目中,她们有着"沉鱼落雁"之容,"闭月羞花"之貌。后来,"沉鱼落雁""闭月羞花"两个词,也用来形容女子长得漂亮。

蔺相如：谋定而后动

人物小传

蔺（lìn）相如，战国时期赵国人，历史上著名的外交家，因多谋善辩、胆略过人，位居赵国上卿。跟他有关的"完璧归赵""渑（miǎn）池相会""负荆（jīng）请罪"等故事，被传为千古佳话。

人物故事

智劝缪贤

蔺相如出身寒微，所以历史上对他的记载很少。我们现在只知道，他最初是在赵惠文王的亲信缪（miào）贤家里做门客①。

缪贤是赵国宫廷的宦（huàn）者令，就是主管宦官内侍的头目。一次，缪贤偶然购得一块玉璧②，拿回去请制作玉器的工匠看。工匠大惊失色，说："这不是大名鼎鼎的和氏璧吗？"

意外得到这样的绝世之宝，缪贤自然是赶紧藏起来，不想让人知道。但世上没有不透风的墙，不久，赵王还是听到了风声，要求缪贤把和氏璧献出来。缪贤哪里情愿，一直推托。

赵王等不及了，干脆闯进缪贤家，直接把和氏璧给搜了出来。这下，缪贤可算是犯下欺君大罪。他惶惶不可终日，打算脚底抹油一走了之，逃到邻国燕国去投奔燕王。

可是到底逃不逃，缪贤又拿不定主意，就去找蔺相如商量。蔺相如问他："您怎么知道，到燕国后燕王一定会收留您？"

缪贤说："我曾跟着大王，在边境见过燕王。当时，燕王私下里握着我的手，说希望能跟我交个朋友。所以，我觉得他肯定能收留我。"

蔺相如摇了摇头，说："您想错了。我们赵国比燕国强大，您又得到大王的宠信，燕王自然想跟您套近乎。而现在，您跑去燕国避祸，燕王怎么会冒着得罪赵国的风险收留您？说不定，他还会派人把您押解回赵国。"

缪贤一琢磨，还真是这回事。他赶紧问："那该如何是好？"

蔺相如说："您不如主动向大王请罪，反倒可能得到赦免。"

于是，缪贤按照蔺相如说的办法，脱掉上衣、躺在铡刀的垫板上，让人抬着去向赵王请罪。果然，赵王宽恕了他。

经过这件事，缪贤知道蔺相如是个有大智慧的人。然后就是"完璧归赵"的故事了——秦王说愿意拿十五座城向赵国换和氏璧，赵王不知如何是好，缪贤就推荐了蔺相如。而蔺相如顺利解决了这个危机，证明了缪贤的眼光。

胶柱鼓瑟

"渑池相会""负荆请罪"的故事结束以后十多年，蔺相如和廉颇都老了。

这一年，秦国派大将白起率大军进攻赵国。赵国这边，自然是老将廉颇领兵抵御。面对来势汹汹的秦军，廉颇采取坚守不战的策略，利用坚固的城墙与秦军对峙。这一僵持，就是三年。

秦军远道而来，粮草、军械的供应，都得依靠人力转运，哪里耽搁得起？三年过去，白起知道自己耗不过廉颇，决定使点非常手段。他用的办法很简单——派人散布谣言，用现在的话说，就是进行认知战。

散布什么谣言呢？秦国派人混入赵国，到处说："廉颇已经老了，秦军根本不怕他。秦军怕的是赵括将军。"

这位赵括，是赵国名将赵奢（shē）的儿子，自幼聪明，喜欢兵法，谈起行军布阵，那真叫头头是道，没人能说过他。但是，赵括的父亲对此总表现得忧心忡忡，因为赵括嘴上说得天花乱坠，却都是脱离实际的东西，真上战场是要吃亏的。

就是这么简单一个招数，赵王竟然上钩了。流言传到宫里，他信以为真，决定任用赵括去对付秦军，把廉颇给换下来。

蔺相如那时已经病得很重了，还是赶紧拖着病躯去劝阻。

蔺相如说："大王，赵括名气虽大，却只会死读兵书，不知道随机应变，就像弹琴时用胶把调音的短柱粘上，这怎么能行呢？您千万不能因为虚名任用他。"

蔺相如这几句话，后来成为一个典故，衍生出一个成语"胶柱鼓瑟"。

瑟是古代一种乐器，有点儿像琴。"柱"是瑟上调音用的短柱，"胶"是用胶粘住的意思，"鼓"的意思是弹、演奏。这个成语是说，粘住调音柱弹瑟，就没法变调了，比喻拘泥固执、不知变通。

但是，赵王最终没有听劝，还是撤回廉颇，任用了赵括。

赵括到达前线后，立即放弃廉颇坚守的战术，主动与秦军作战，结果大败。他自己也死在乱箭之下。

注：

①门客，指的是古代被达官显贵供养，并为其服务的一些有才干之人，也称食客、舍人。

②璧，是一种圆形的扁平玉器，中间有孔，用作礼器或装饰物。

联系与思考

纸上谈兵

赵括谈起兵法滔滔不绝，看起来非常厉害，但一上战场就露了馅，被打得落花流水。后人根据他的故事，创造了成语"纸上谈兵"，比喻只会空谈理论，不能解决实际问题。

南宋诗人陆游说："纸上得来终觉浅，绝知此事要躬行。"从书本上得到的知识终归是"死"的知识，必须亲自去实践、去探索，才能真正了解一件事情。赵括犯错，就在于他把从书本上得来的知识当作真理，而不去实践，最终难免"翻车"。

课本延伸

出处：五上·课文6·将相和

春秋战国是怎么回事

在廉颇、蔺相如"将相和"的故事里，我们看到，秦国常常进攻别的国家；别的国家有什么好东西（比如和氏璧），他们也总想据为己有。大家可能会奇怪，秦国为什么这么不讲理？

实际上，强国欺负弱国，是当时的常态。这事要从周朝分封诸侯国说起。

周朝建立以后，采取分封的制度，将土地分别授予王族和功臣，让他们建立诸侯国。各诸侯国必须服从周王的命令，共同保卫王室。这套制度起初效果不错，但当诸侯越封越多、地方诸侯实力增强以后，事情就有点不受控制了——有些诸侯开始不听周王的号令。

公元前771年，申国的国君申侯联合犬戎，攻破周王朝首都镐京。周幽王点起烽火求援，可各诸侯国无人理会，周幽王被犬戎人杀死。随后，周幽王的儿子周平王继位，并将国都迁到洛阳，之后的周朝统治历史上称为东周（迁都之前为西周）。从这时起，各诸侯国更不把周王放在眼里，周王只是名义上的天下共主。不仅如此，为了壮大自己，诸侯国之间还不断争斗，大鱼吃小鱼。

东周的前半段，大概从公元前770年到公元前476年，历史上称为春秋时期，因鲁国编年史《春秋》而得名。春秋时期，各诸侯国争斗的结果，是形成五个实力超强的诸侯国——齐、晋、秦、宋、楚，它们的国君齐桓公、晋文公、秦穆公、宋襄公和楚庄王，被称为春秋五霸。

春秋之后称为战国时期，因西汉刘向编订的国别体史书《战国策》而得名。战国时期，各诸侯国继续争霸，形成齐、楚、燕、韩、赵、魏、秦七雄并立的局面。

当时，秦国经商鞅变法，实力日益增强，逐渐成为七雄中最强大的诸侯国，于是热衷向东扩张。而赵国位于秦国东部，在东方六国中实力最强，是秦国向东扩张的最大的绊脚石。因此，秦、赵之间的明争暗斗接连不断。"将相和"故事里的完璧归赵、渑池相会，便是两国之间交锋的一个个片断。

公元前221年，在"将相和"故事发生50多年后，秦国消灭韩、赵、魏、楚、燕、齐六国，战国时期结束。随着中央集权国家秦朝的建立，中国历史正式进入封建社会。

拓展阅读

和氏璧

和氏璧是一块颇具传奇色彩的玉璧。

相传,楚国人卞(biàn)和在荆山上发现一块璞(pú)石(就是包含着玉的石头),他认为里面蕴藏着绝世美玉,于是就把它献给当时的国君楚厉王。谁知,楚厉王不识货,觉得卞和糊弄他,下令砍掉卞和一条腿。

后来,楚厉王死了,楚武王继位,卞和又去献宝。楚武王同样没能看出这块璞石的价值,他找来玉工鉴定,有眼无珠的玉工也说是石头。楚武王很生气,又砍掉卞和另外一条腿。

再后来,楚武王也死了,楚文王当了国君。卞和这时已经七老八十,也没了双腿,无法再去献宝。他抱着那块璞石伤心地大哭,据说一连哭了三天三夜,眼睛里都流出血来。

楚文王听说后,觉得蹊跷,让人去查问。卞和说:"我不是因为被砍了腿而悲伤,我是为美玉被当成石头、好人被当成骗子而痛哭啊!"楚文王非常感动,就让人剖开那块璞石,里面果然是稀世少有的美玉。这块璞石被精心加工成一块玉璧。为了表彰卞和,楚文王将它命名为"和氏璧"。

吕不韦：两千年前的营销高手

人物小传

吕不韦（前292年～前235年），战国时期卫国人。他本是一个商人，后来因助秦国公子嬴异人登上王位，从而跻身官场，成为秦国丞相。

人物故事

奇货可居

吕不韦原本是一个商人，经常游走各国寻找商机。

有一次，他到赵国都城邯郸（hán dān）做生意，遇见一位气度不凡的年轻人。这个年轻人叫嬴异人，是秦昭王次子安国君的儿子，在赵国做质子①。

那时，秦赵两国经常打仗，嬴异人在赵国做质子，处境非常不好，大冬天的连御寒衣服都没有。而且，嬴异人的父亲安国君有二十多个儿子，越发显得他无足轻重。

但是，嗅觉敏锐的吕不韦却从中看到了"商机"：如果能帮嬴异人回到秦国，并设法让他当上秦国国君，那回报岂不是无法估量？想到这里，吕不韦忍不住叫道："这真是奇货可居啊！"

"奇货"是指珍贵难得的货物，"居"是囤积的意思。奇货可居，本意是指商人把珍贵难得的货物囤积起来，等待高价出售。这个词后来成为一个成语，用来比喻拿某种专长或独占的东西作为资本，以捞取名利地位。

吕不韦说做就做，他先是买通监视质子的赵国官员，得以结识嬴异人；又带着大批钱财到秦国上下打点，为嬴异人刷了一波存在感。安国君最宠爱的华阳夫人没有儿子，吕不韦巧舌如簧，竟说服华阳夫人收了嬴异人为嗣子[②]。

秦昭王去世以后，安国君继位[③]，称为秦孝文王。秦孝文王在位一年零三天，也去世了。嬴异人顺理成章地成为新的秦王，是为秦庄襄王。

当初，吕不韦说要助嬴异人登上王位，嬴异人还不相信。没想到，经过一番经营，他真的做到了。嬴异人非常感激吕不韦，封他为文信侯，并提拔他做了秦国的相国。

嬴异人只做了三年国君，就早早离世，太子嬴政继位。嬴政就是后来的秦始皇。但那时他年纪还小，无法处理政务，便由相国吕不韦摄政[④]。而且，嬴政还尊称吕不韦为"仲父[⑤]"。一时之间，吕不韦成为权倾天下的人物。

一字千金

那时，有权势的贵族，家里都供养着许多门客。著名的战国四公子——齐国孟尝君田文、赵国平原君赵胜、魏国信陵君魏无忌、楚国春申君黄歇，门下都有大批门客。

吕不韦认为自己是秦国相国，不应该被他们比下去，于是也广募（mù）宾客，大力招揽人才。据说，他招揽到的门客多达三千人。

这么多人也不能天天白吃饭啊，吕不韦就让他们发挥特长，把自己的见闻和所思所想都写下来，编成一本书。最终，一部皇皇巨著横空出世，这就是《吕氏春秋》，也称为《吕览》。

《吕氏春秋》是一部以吕不韦名义编撰的集体著作，内容庞杂，共一百六十篇，二十余万字。书中博采各家学派的观点，并自成一体，所以它向来被视为杂家⑥代表作。

这本书编成之后，吕不韦十分满意，特地在秦国都城咸阳公开展示，并张贴告示说，不管是谁，只要能提出修改意见，哪怕只是增加或删减一个字，都能得到"千金"的奖赏。

吕不韦位高权重，谁敢给他主持编写的书挑毛病啊，所以最终没人得到这个奖励。但是，由此诞生了一个成语，叫"一字千金"，用来形容文章特别有价值，也用来夸赞文章写得精妙。

"千金悬赏"第二年，秦王嬴政亲政⑦。随即，长信侯嫪毐（lào

ǎi）发动叛乱。叛乱平定以后，吕不韦作为嫪毐的举荐人，受到牵连，丢了相国的职位，并被逐出咸阳，回到自己的封地洛阳。

可是，追随吕不韦的人仍然很多，各国使者像往常一样络绎不绝地前去拜访吕不韦。嬴政担心吕不韦像嫪毐一样叛乱，就给他写了一封措辞严厉的信，质问他对秦国有何贡献，竟然能得到那么大一块封地；跟秦王有何血缘关系，竟然敢号称仲父。

这还不够，嬴政干脆又把吕不韦和家人流放到蜀地。蜀地即今天四川一带，先秦时期蜀地条件恶劣，是秦国囚犯的流放之地。吕不韦明白，嬴政已经起了猜忌之心，自己不会有好结果，于是便服毒自尽了。

注：

①质子，派往敌方或他国做人质的人，多为国君的儿子、孙子等身份尊贵的人。

②嗣子，即有继承权的儿子。

③秦国太子本来是安国君的哥哥。公元前267年，秦太子在魏国做质子时去世，安国君被立为新太子。

④摄政，即代替君主处理国家政事。

⑤古人以伯仲叔季为兄弟排行，仲父是对父亲的大弟弟的称呼，也称亚父。

⑥杂家，先秦时期诸子百家中的一个思想流派，特点是杂糅儒、法、墨、名等各家学说于一体，所以被称为杂家。

⑦亲政，指幼年继位的君王成年后亲自处理政务。

联系与思考

众人拾柴火焰高

吕不韦成为秦国相国后，决定组织门客编写一部涵盖天地万物、古往今来事理的著作。他手下门客众多、各有所长，有的精通天文地理，有的擅长历史掌故，有的善于文学创作。吕不韦让他们分工协作、各展其能，有的负责收集资料，有的专注于撰写初稿，有人进行润色修改，有人进行筛选整理。经过数年努力，一部二十余万字的鸿篇巨制《吕氏春秋》顺利完成。

《吕氏春秋》的问世，不仅体现了吕不韦的远见卓识，更彰显了团结协作的强大力量。倘若没有三千门客的共同努力，仅凭吕不韦一人，要完成如此浩大的工程，不啻（chì）于天方夜谭。"众人拾柴火焰高"，学会团结协作、善于发挥集体的智慧和力量，往往能攻克重重难关、创造出非凡的成就。

课本延伸

出处：二上·语文园地五·我爱阅读·刻舟求剑

刻舟求剑

"刻舟求剑"是《吕氏春秋·察今》中的一则寓言,说是有个楚国人坐船过江,船启航以后,他一个不小心,随身携带的宝剑竟掉入江中。江水湍(tuān)急,宝剑转眼就不见了踪影。一同乘船的人都十分惋惜,可这个楚国人一点儿也不着急。他不紧不慢地拿出一把小刀,在船舷上刻了个记号,说:"瞧好了,我的宝剑就是从这儿掉下去的。"

船靠岸后,这个楚国人"扑通"一下跳入水中。大家莫名其妙,不知道他要干什么。只见这人在水里摸索来摸索去,嘴里还嘀咕道:"宝剑明明是从这儿掉下去的,我还做了记号,怎么就找不着呢?"

敢情他是在顺着刻的记号找宝剑啊!大家不禁哈哈大笑起来:"宝剑的确是从刻记号的地方掉下去的,可是船已经从江那边驶到江这边,宝剑却没有跟着船一起走,你怎么能找得到呢?"

我们知道,就算船停在那里没有动,只要江水是流动的,宝剑掉下去,也可能被水冲走,不一定能在原地找到。更何况,船还从对岸驶到了江这边。《吕氏春秋》用这样一个小故事,讽刺了那些思想僵化、用静止的眼光看待事物的人,形象又深刻。

拓展阅读

女孩何以称"千金"

我们知道,女孩有个别称叫"千金",为什么会有这个称呼呢?

"千金"的"金",其实是货币单位。秦朝时,一镒(yì)为一金。一镒等于二十两(也有说法是二十四两)。到了汉朝,人们将一斤金子称为一金。

不管一金是二十两还是一斤,都非常贵重,"千金"更是极其贵重。所以,人们就用"千金"来形容珍贵、贵重,如一字千金、一诺千金、一笑千金、一刻千金等。

有趣的是,用"千金"来比喻孩子,最早的对象并非女孩,而是男孩。

南北朝时期,南朝梁有一个叫谢朏(fěi)的人,小时候非常聪明,十岁就能写诗作文。一次,谢朏随父亲出游,父亲让他写一篇游记,他随手就写了出来,让在座的人惊叹不已。谢父非常得意,拍着他的背说:"这真是我们家的千金啊!"这事记录在《梁书·谢朏传》里。

元代戏曲作家张国宾在杂剧《薛仁贵荣归故里》中,用"千金"比喻女孩,并将"千金"和"小姐"合用。自此以后,用"千金"来形容女孩便常见了。

苏秦：凭一张嘴换来六国相印

人物小传

苏秦，生卒年不详。字季子，东周洛阳乘轩里（今河南洛阳东）人。战国中期著名的纵横家、外交家、谋略家，是当时纵横家的代表性人物。

人物故事

发愤苦读

东周的时候，周天子名义上是天下共主，但拥有的地盘小得可怜，仅限于都城洛阳一带。苏秦就是洛阳人，说起来，他也算是在天子脚下长大的。

苏家家境贫寒，作为普通人家的子弟，苏秦却有着远大理想，很早就外出求学。据说，他曾拜神秘的鬼谷子[①]为师，苦修三年，学得一身本领。

学成之后，苏秦周游列国，想谋个一官半职，好把自己的本事施展出来。结果，他在外面奔波几年，并未能把自己"推销"出去。不得已，苏秦只好灰溜溜地回到家中。

迎接他的是什么呢？《史记》记载，"兄弟嫂妹妻妾窃皆笑之"，一家人都讥笑他，说本分人要么种田，要么经营工商，哪有靠耍嘴皮子发达的，你现在穷困潦倒简直太正常不过了。

《战国策》里记载的情形，更让人心凉——苏秦背着行囊，一脸憔悴，满怀羞愧地回到家时，"妻不下纴[②]（rèn），嫂不为炊，父母不与言"。妻子自顾在织机上忙碌、不搭理他，嫂子不给他做饭，父母也不跟他说话，大家好像都当他不存在似的。

苏秦感叹道："妻子不把我当丈夫，嫂子不把我当小叔子，父母不把我当儿子，这怨不得别人，全是我学业不精的过错啊！"于是，他把自己关进小屋，连夜翻阅藏书，把跟谋略有关的都找了出来。

从此，苏秦发愤苦读，结合自己失败的教训，仔细揣摩书中的精要。他读到实在困倦想要打瞌睡时，便拿起事先准备好的锥子，在自己大腿上扎一下。有时候扎得狠了，血都能顺着腿流到脚上。"悬梁刺股"的典故中，"刺股"说的就是苏秦这件事。

这样苦读苦思一年后，苏秦脑子里有了一套清晰的策略，他自信能够说服各诸侯国的国君们了。

六国拜相

苏秦再次踏上游说之路。

当时,西边的秦国日益强大,一直想往东边扩张。而东边的韩、赵、魏、齐、楚、燕等国,一边忧惧秦国,一边又各怀心思、相互征伐。列国相争的局面,给了苏秦操盘的机会。

苏秦打算推行的理念叫作"合纵",简单地说,就是让六国联合起来,结成一个强大的联盟,共同对抗秦国。因为六国在地理上呈南北方向纵向分布,所以称为"合纵"。

功夫不负有心人,这一次,苏秦终于从燕国找到突破口,成功说服燕、赵两国结盟。在赵国国君的支持下,苏秦又先后成功游说其他诸侯国加盟。最终,燕、赵、韩、魏、齐、楚六国达成协议、订立盟约,这就是历史上的"南北合纵"。苏秦在这个联盟中任"纵约长",大约相当于联盟秘书长。同时,他还兼任六国的相国,身佩六国相印。

在完成游说楚国的任务后,苏秦返程一路北上,向赵王复命。途中经过洛阳时,他特地回了趟老家。这次真可谓衣锦还乡、扬眉吐气:曾经对他的理念不屑一顾的周天子,亲自派人清扫道路欢迎他。曾经轻视他的家人,一个个匍匐在地,不敢仰视他。

苏秦故意问嫂子:"嫂子啊,你为何以前对我那么傲慢,如今又这样恭敬呢?"嫂子小心翼翼地回答:"因为你现在地位尊贵,钱也多。"苏秦闻言,不由得又感慨一番:"假如我当初在洛阳有两顷良田，怎么能有如今的风光啊！"

因为东边六国达成南北合纵，秦国不敢再轻易出函谷关袭扰六国，这个局面维持了15年。后来，在秦国"连横"策略的侵蚀下，合纵联盟瓦解，苏秦也死在了齐国。

注：

①鬼谷子，相传姓王名诩，又名王禅，道号玄微子。战国时期著名的隐士、谋略家，因隐居鬼谷，人称鬼谷子。鬼谷子的学生均是叱咤风云的人物，如纵横家苏秦、张仪，军事家孙膑、庞涓，政治家商鞅，等。

②纴，绕线的意思，泛指纺织，现在也指缝制衣服。

联系与思考

越挫越勇

苏秦心怀高远，立志要做出一番事业。可是，他数度出师不利，受尽冷眼与嘲讽，就连家人也不理解他，认为他游手好闲、不务正业。

面对这种情况怎么办？是自暴自弃，还是迎难而上？苏秦选择了后者，他一边发愤苦读，进一步充实自己；一边等待机会，择时而动。最终，苏秦抓住机会，找到了施展才华的舞台，在历史上留下不可磨灭的一笔。

在人生的旅途中，我们不可避免地会遇到各种挫折和挑战。苏秦的故事告诉我们，只要能够保持坚定的信念和努力的行动，我们就一定能够战胜困难、实现梦想。

课本延伸

出处：四下·语文园地·词句段运用·悬梁刺股

悬梁刺股

"悬梁刺股"这个成语包含两个典故，即"孙敬头悬梁"和"苏秦锥刺股"。

孙敬是汉朝人，他年轻时学习非常刻苦，常常读书到深夜。人不是机器，长时间学习自然会累。为防止打瞌睡，孙敬想了个办法：他在房梁上拴一根绳子，读书时，就把绳子另一端系在自己的头发上。这样，打瞌睡时只要头一低，头发就被绳子猛一扯，瞌睡也就没了。经过多年苦读，孙敬终于成为一位大学问家，常有人不远千里前来向他求教。

苏秦"锥刺股"的故事，前面已经讲过，这里不再赘述。

"悬梁刺股"一般用来形容刻苦学习、发奋读书。类似的成语、典故，还有"凿壁偷光""囊萤夜读"。

"凿壁偷光"说的是西汉的匡衡。他少时家贫，买不起蜡烛和灯油，夜晚没法读书。他见隔壁的邻居晚上常常点灯，便在墙上凿个小洞，借着从小洞透过来的微弱烛光苦读。

"囊萤夜读"说的是晋朝人车胤。他小时候也是家境贫寒，家里常常没有灯油。夏天的夜晚萤火虫很多，车胤就抓一些萤火虫，装在白色的薄布口袋里，用萤火虫发出的光亮照着书本夜读。

晋朝还有个叫孙康的人，跟匡衡和车胤一样，年轻时没有条件在夜晚学习。他常常感到晚上就是在虚度光阴。一个冬天的晚上，天下起大雪。孙康半夜被冻醒，发现窗外有光亮。他起身一看，原来是白雪反射的微光。孙康拿起书本凑到窗前，居然勉强能看见上面的文字。他大喜过望，借着这微光便读起书来。

孙康借雪光读书的典故叫"映雪"，常跟车胤的"囊萤"放在一起，写作"囊萤映雪"，跟"凿壁偷光"一样，都用来形容尽管条件艰苦仍勤学不息。

拓展阅读

合纵连横

苏秦的主张，用一句话说，叫"合众弱以攻一强"，即联合众多实力相对较弱的诸侯国来对抗一个强大的诸侯国。苏秦眼里的"众弱"，是潼关以东的韩、赵、魏等六国，"一强"则是秦国。

面对这种状况，秦国自然要想办法破局。这个破局之人，叫张仪。

苏秦跟随鬼谷子学习时，跟张仪是同学，两人师出同门。张仪的主张恰好跟苏秦相反，叫"事一强以攻众弱"，即游说其他诸侯国追随强大的秦国，来对付另外的诸侯国。

南北方向为纵，东西方向为横。秦国在西方，联合东边诸侯国，就是东西结盟，所以叫"连横"。

张仪是怎么利用"连横"破解"合纵"的呢？他采取的办法是远交近攻，即拉拢远在东方的齐国和东北的燕国，攻打邻近的韩国和魏国。就这样，秦国一步步瓦解了本就松散的六国合纵联盟，取得对抗的最终胜利。

说白了，合纵连横就是围绕着地缘政治关系而产生的大战略。

项羽：千古悲情英雄

人物小传

项羽（公元前232年~公元前202年），名籍，字羽，泗水郡下相县（今江苏省宿迁市）人。在秦末参与争夺天下，号称"西楚霸王"，最后败于汉高祖刘邦之手，是历史上著名的悲剧英雄人物。

人物故事

破釜沉舟

项羽是楚国名将项燕的孙子，传说他是重瞳（tóng）子，即一个眼睛里有两个瞳孔。现代医学认为，这是瞳孔发生了粘连畸变，是一种先天残疾。但古人不懂这些，就认为这是天生异相，是要当皇帝的相貌。

项羽的确与众不同。他身材高大、声如雷霆、雄壮威猛、力能扛鼎，往那儿一站，就给人一种压迫感——总之两个字：霸气。所以，后来他给自己弄了个封号，叫"西楚霸王"。

公元前209年秋，陈胜、吴广发起大泽乡起义，拉开了反抗秦朝统治的序幕。不久，项羽和叔父项梁也在吴县（今江苏苏州）起兵。他们吸收刘邦的人马，共同拥立楚怀王，迅速壮大了声势。

公元前208年，项梁因为骄傲自大，被秦军偷袭，死在定陶县。随后，秦军在章邯（hán）的带领下挥师北上，攻打赵国，将赵王围困在巨鹿（今河北邢台平乡县）。

同为反秦武装，楚怀王不能见死不救，于是派宋义为上将军、项羽为次将，率军北上救赵。可是，大军前进到安阳（今山东省曹县东）后，上将军宋义下令就地休整。

这一"休整"就是46天。当时已经快到冬天了，天气寒冷，又下起大雨，士兵们冻饿交加、痛苦不堪。项羽去找宋义，问他为何按兵不动。宋义说："先让秦军和赵军打个两败俱伤，我们渔翁得利，不好吗？上阵杀敌我不如你，但说到运筹帷幄，你可就不如我了！"说完继续在大帐里饮酒作乐。

项羽这暴脾气哪里受得了，拔剑就把宋义给杀了，自己当了上将军。

随后，他率军渡过黄河[①]，让每人带三天干粮，然后下令把渡河用的船凿破沉入河底，把做饭用的锅砸碎，把军营统统烧毁。

项羽对士兵们说:"我们现在只有两条路可选,要么打败秦军,要么被秦军赶到黄河里淹死!"没了退路的楚军,只能拼死向前。最终,经过几轮激战,楚军大破秦军。

此战史称巨鹿之战,它不仅解了巨鹿之围,也打出了项羽的威望。战后,项羽召见各路诸侯军将领。这些平时不可一世的家伙,都是跪着爬过来拜见项羽,连头都不敢抬一下。

巨鹿之战是历史上著名的以少胜多战役,这一战产生了"破釜沉舟""以一当十""作壁上观"三个成语。"破釜沉舟"说的就是项羽砸锅沉船、自断后路的事,比喻决心战斗到底。"以一当十",是说楚军士兵在没有退路的情况下,一个人可抵十个人,形容斗志极盛。

而"作壁上观",说的是各路诸侯军。当时,各诸侯也派兵来救赵王,但他们见秦军声势壮大,都不敢轻易出战。项羽率楚军大战秦军时,各诸侯军都按兵不动,躲在军营里坐山观虎斗,盘算着两边打完再决定下一步怎么行动。在这里,"壁"是军营的意思。"作壁上观"比喻置身事外,不帮助任何一方,多含贬义。

楚汉相争

巨鹿之战后,项羽声威大振,被推选为诸侯上将军,各路诸侯军都听他号令。

公元前207年底,项羽率大军进入关中,与先前已攻占关中的刘邦相会于鸿门,历史上有名的"鸿门宴"就发生在这时。

鸿门宴后，项羽杀掉已经投降的秦王子婴，将辉煌壮丽的阿房宫一把火烧毁。曾经强盛一时的秦王朝，彻底化作历史的烟尘。

项羽认为，反秦大业已经完成，于是分封十八路诸侯，并自封为"西楚霸王"，定都于彭城（今江苏省徐州市区）。刘邦被封为汉王，封地在巴蜀、汉中地区。

本来，按照大家与楚怀王的约定，谁先攻占关中谁就可以在关中称王。项羽将刘邦封到巴蜀那个偏远的地方，刘邦自然心怀不满。但他打不过项羽，只能隐忍。

天下并没有安定下来。东边的齐、赵等地不满项羽分封，先后反叛，西边的汉王刘邦也一直在悄悄积蓄力量。公元前206年，刘邦攻占三秦[②]，将关中重新收入囊中。楚汉相争的大幕，就此拉开。

经过连年征伐，天下基本上只剩下刘邦、项羽两大势力。公元前203年，楚汉两方签订协议，约定以鸿沟为界，中分天下，史称鸿沟和议。但是，当项羽率军撤退后，刘邦突然撕毁盟约，越界追击项羽。

当年12月，刘邦联合韩信、彭越，发动五路大军，将项羽率领的楚军包围在垓（gāi）下（在今安徽灵璧县境内）。为了瓦解楚军斗志，汉军中有人想出一条计策，在晚上一起唱楚地的民歌。

当时，楚军缺衣少粮，本就军心不稳，夜里忽然听到四周传来家乡的民歌，更是神情黯然。就连项羽，听到楚歌也是惊疑不定，心想，难道楚地都被刘邦攻占、士兵都归降汉军了吗？

成语"四面楚歌"就来自这里,现在多用来形容处于孤立无援的境地。

在汉军强大的心理攻势面前,楚军士兵纷纷放下武器投降。项羽知道大势已去,他抱起酒坛喝得大醉,对着爱妃虞(yú)姬吟唱出一首诗:"力拔山兮气盖世,时不利兮骓(zhuī)不逝。骓不逝兮可奈何,虞兮虞兮奈若何!"这首诗意思大致是说:我的力量可以拔起大山,豪气盖世无人能比。可时局对我不利,宝马也难再奔驰了。虞姬啊,虞姬啊,可该怎么办呢?

这首诗后来被称为《垓下歌》,成为一首千古绝唱。

当天晚上,项羽率领 800 精锐骑兵突围,渡过淮河,一路向南。到达乌江[3]边时,他身边只剩下 28 人。这时,汉军从后面追了上来。

乌江亭长劝项羽赶快过江,以图东山再起。项羽却说:"老天要灭亡我,过江有什么用呢?况且,当初我与江东[4] 8000 子弟起兵反秦,如今无一人生还,我又有何脸面去见江东父老?"

项羽自觉无颜再见江东父老,不肯渡江,力战汉军追兵不敌后拔剑自刎(wěn)。

项羽死后,汉王刘邦统一天下。公元前 202 年,刘邦称帝,以"汉"为国号,建立了统一的汉王朝。

注:

①也有说法是渡过漳河。漳河也称漳水,是巨鹿一带的古河流,素有"小黄河"之称,今天已不存在。

②项羽分封诸侯时,将关中一分为三,分封给三个诸侯王。

因为关中是秦国故地,所以也称为"三秦"。

③在今安徽省和县东北的乌江浦,此地是一个渡口,设有驿站。

④长江从芜湖到南京这一段,呈西南—东北走向,所以人们习惯上称此段长江南岸地区为江东,也称江左。

联系与思考

不做半瓶醋

史书上并没有记载项羽的父亲是谁,他是跟着叔父项梁长大的。小时候,项羽不怎么爱学习,干什么都不能坚持。让他学认字,学不多久他就没了兴趣,要去学剑术。真学了剑术,没几天又想放弃。

项梁很生气,项羽却振振有词地说:"读书认字,会认会写自己的名字足够了。练剑不过是'一人敌'的本事,我要学就学'万

人敌'的本事。"这话说得豪气冲天,叔父竟无法反驳,于是便传授他兵法。一开始,项羽还学得兴致勃勃,可刚学了个皮毛,他又懒得学了。

俗话说,"一瓶子不满,半瓶子晃荡",能力不足却又自以为是,是阻碍人们前进的致命缺陷。项羽耐不住性子,学书不成,学剑不成,学兵法也不成,是个标准的"半瓶醋"。可他又时而过分自信,听不下别人的意见;时而优柔寡断,下不了决心。这一切,为他以后的失败埋下了种子。

拓展阅读

象棋中的楚河汉界

公元前203年,楚汉两军在荥(xíng)阳—成皋(gāo)一线相持不下,于是决定议和。双方约定,以鸿沟为界,东边归楚,西边归汉。

鸿沟是一条古运河,北起今郑州荥阳,经魏国都城大梁折向东南,至陈国都城宛丘(今周口市淮阳区),向南注入颍水,由此汇入淮河。因为楚汉相争时曾划鸿沟为界,后来人们就用它来比喻事物间十分明显的界线。

象棋棋盘中间的"楚河汉界",即来源于此。"楚河汉界"这个词使用了古汉语中互文的手法,如果将它恢复本来的语序,应该是"楚汉河界"。河界,指的就是鸿沟。

刘邦：从布衣到开国皇帝

人物小传

刘邦（前256年~前195年），字季，沛（pèi）丰邑中阳里人（今江苏省徐州市丰县）。他知人善任、能够虚心纳谏（jiàn），在秦末的乱世中趁势而起，最终统一天下、建立汉朝。

人物故事

白条随礼

刘邦是丰邑人，他爷爷做过魏国丰邑的邑令①。但经历战国末年的乱世，到刘邦这一辈，他家早已破落，靠种田为生。偏偏刘邦不喜欢干农活，总是到处闲逛，父亲老骂他"无赖"。

秦国攻灭楚国后，在刘邦家乡一带设立泗水郡，郡衙设在沛县。刘邦通过考核，成为秦国的公务员，担任泗水的亭长。亭长掌管地方上的治安与警卫工作，职位大致相当于现在的派出所所长。

刘邦这个人，当了官也没个正形，不是戏弄同僚，就是跑出去喝酒、吹牛。大家对他的印象并不怎么好。

有一位吕公，为了躲避仇家，举家搬迁到沛县定居。吕公跟沛县县令关系很好，大家得知后都去道贺、套套近乎。刘邦这么好热闹的人，自然也去了。但上门道贺得随礼，刘邦兜里一个子儿也没有。

那天，负责接待客人的是在沛县当主簿②的萧何。萧何宣布了一条规矩，凡是贺礼不足1000钱的，只能在堂下就座。刘邦也不多说什么，抬手就在拜帖上写道："刘季贺礼1万钱。"

名帖递进去，吕公一看，心说这是谁呀，居然送贺礼1万钱。他哪敢怠（dài）慢，连忙出来迎接。等看到刘邦，见这小伙子器宇轩昂，显得与众不同，吕公非常高兴，就请刘邦入堂坐上座。

同在沛县当差，萧何是知道刘邦底细的。他悄悄告诉吕公，这个刘季一向喜欢说大话，嘴上说随礼1万钱，实际上一个钱都没给。可是吕公好像没当回事，喝酒喝到尽兴时，还给刘邦使眼色，示意他喝完酒后等一会儿。

酒席结束后，吕公对刘邦说："我喜欢给人相面③，看过的面相多了去了，但没人能比过你。我有一个女儿，我愿意把她许配给你做妻子，你觉得怎么样？"

漫画小剧场

刘邦送礼

恭喜吕公乔迁新居。
红包
红包
红包
区区薄礼，不成敬意，还请笑纳！
刘季来也！
刘季贺一万钱！
不行了，快要被闪瞎啦！
这么豪？
贵客，请扫码
大意了……

刘邦当然愿意。但吕夫人很恼火，她生气地质问吕公："你不总是说要让女儿出人头地、给她嫁个贵人吗？怎么随随便便就把她许给刘季呢？"吕公说："这事你不懂，听我的，没错。"

吕公果然把女儿嫁给了刘邦。这姑娘名叫吕雉（zhì），后来刘邦做了皇帝，吕雉被立为皇后。她确确实实嫁了个贵人。

起兵灭秦

刘邦虽然"无赖"，眼界和志向却挺高。

当时，秦始皇修阿房宫和骊山陵墓，需要从全国征调大量民夫。作为泗水的亭长，刘邦工作的一项内容，就是押送民夫去咸阳工地。

有一次，刘邦送服劳役的人去咸阳，路上碰到秦始皇出巡的车队。远远望去，秦始皇坐在华丽的马车上，威风凛凛。刘邦不由得感叹："哎呀，大丈夫就应当如此啊！"

说这话没多久，他的差事就出了岔子。在一次押送任务中，队伍刚出发，就有人逃跑。走到丰邑西边的丰西泽[④]时，人已跑了一大半。秦朝律法严苛，出现这种情况，负责押送的官吏也难逃一死。刘邦心想，与其带领剩下的人去送死，不如索性把大家都放了，各自逃命去。

刘邦把剩下的人全放了，自己带着10多个愿意追随的人，躲到了沛县西南边的芒山、砀山之中。不久，秦始皇病逝，陈胜、吴广率领的大泽乡起义爆发，各地纷纷响应，天下又乱成一锅粥。

刘邦带领一帮人马回到沛县，在萧何、曹参的拥护下，自立为沛公，正式开始了反秦起义。这一年是公元前209年，刘邦48岁。

就在刘邦起义的同时，项梁、项羽叔侄在吴县（今江苏苏州）起兵。

项氏叔侄是楚国贵族的后代，陈胜兵败被杀的消息传来后，他们决定拥立楚怀王的孙子熊心为楚王（仍称为楚怀王），以便争取人们的支持、迅速壮大实力。这时，刘邦已投身项梁麾（huī）下，也参与了对楚怀王的拥立。

公元前208年，秦军主力攻打赵国，将赵王围困在巨鹿（今河北邢台平乡县）。赵王向楚军求救，楚怀王答应了，决定派一支大军北上救赵，同时派出一支军队向西进击秦国的心脏地带关中⑤，以便分散秦军力量。

当时，谁都不看好西征，也不愿意领军西征，这差事便落在刘邦头上。楚军首领项梁在之前的定陶之战中战死，他侄子项羽为了报仇，做了北路军的次将。楚怀王跟大家许诺，谁先攻入关中，谁就可以在关中称王。

没想到，两路大军都进展神速。北路军这边，项羽破釜沉舟，在巨鹿大败秦军。西征军这边，刘邦一路势如破竹，只用了差不多一年时间，就推进到秦国都城咸阳附近。

公元前207年底，等项羽率领诸侯联军抵达关中时，刘邦早已攻入咸阳，灭亡了秦朝。

鸿门脱险

这时,项羽手握40万大军,而刘邦只有10万兵力。项羽的谋士范增对项羽说,刘邦素来贪财好色,入关后却不取金银财物,反而与当地人约法三章⑥,看来志向不小,应该趁早除掉他。项羽本就对刘邦抢先一步攻破咸阳耿耿于怀,现在听范增这么一说,便同意了。

项羽有一位叔父,名叫项伯,跟刘邦的谋士张良关系很好。项伯不忍心好友就这么丧命,连夜来找张良,把这消息告诉了他,让他快逃。

张良以足智多谋著称。他跟刘邦一合计,当下他们无论如何都打不过项羽,那就只能示弱。于是,刘邦按照张良出的主意,设宴款待项伯,席间大吐苦水,说自己绝对不敢反叛,他做这一切,都是为了把关中完完整整地交给项将军。刘邦还跟项伯约定以后做儿女亲家,拜托他一定要在项羽面前多多解释。

当天晚上,项伯回去之后,果然找项羽为刘邦说情。项伯说:"刘邦打下关中,是有功劳的,现在要攻打他,有点不讲道义啊!不如就善待他吧。"项羽又被说动了。

第二天,刘邦带领张良、樊哙(fán kuài)等100多个人,来到项羽的驻地鸿门⑦请罪。项羽见刘邦只带了这么点人马前来,对他的疑心减轻不少,便请他赴宴。

酒宴上,范增一再示意项羽下令诛杀刘邦,但项羽犹豫不决,只装作看不见。范增没办法，叫来项庄⑧，让他在席间舞剑助兴，暗中找机会刺杀刘邦。项伯见势不妙，也拔剑起舞，护住刘邦。

酒喝到一半，刘邦借口上厕所，出来跟樊哙商量着逃走，又怕不辞而别的话项羽会生气。樊哙说："现在人为刀俎（zǔ），我为鱼肉，还在意那些细节干什么。赶紧逃吧。"就这样，刘邦逃过一劫。

这场酒宴，留下"鸿门宴""项庄舞剑，意在沛公""人为刀俎，我为鱼肉"等成语。"鸿门宴"比喻不怀好意的宴请；"项庄舞剑，意在沛公"比喻表面上看没什么，实际上暗中有所图谋；"人为刀俎，我为鱼肉"，则比喻生死掌握在别人手里，自己处在被宰割的地位。

刘邦逃走以后，范增气恨项羽优柔寡断、放虎归山，叹息道："夺得天下的人一定是刘邦，我们这些人以后都要被他俘虏了！"

范增说得一点儿没错。在此后的楚汉之争中，刘邦成为项羽最大的对手。最终，刘邦获胜，项羽自刎（wěn）于乌江边。

注：

①邑令，即县令。

②主簿，主管文书、簿籍及印鉴的官吏。

③相面，即看面相，通过观察人的面貌来推测福祸吉凶，属于封建迷信。

④丰西泽，丰邑西边的一片湖泊沼泽，在今江苏省丰县附近。

⑤关中，即今陕西省中部地区，包括西安、宝鸡、咸阳、渭南、

铜川、杨凌等地，因处于东潼关、西散关、南武关、北萧关四大关隘之内，所以被称为关中。

⑥刘邦进入关中后，为了得到人们的支持，宣布了三条法令：杀人偿命，伤人或偷盗财物的要抵罪，秦朝的苛刻法制一律废除。约法三章，原指约定三条法律，后来泛指约定简单的条款并互相遵守。

⑦鸿门，古地名，位于今陕西临潼东部。此地有一道山梁，中间像被刀劈开一样，分为南北两半，裂开的地方犹如巨大的城门，所以被称为鸿门。

⑧项庄，项羽的堂弟，擅长用剑。

联系与思考

虚心纳谏

刘邦有一个特别大的优点，就是能够虚心听取别人的意见。

他带领西征军经过高阳县时，历史上著名的说客郦食其（lì yì jī）决定投奔他。郦食其兴冲冲地来拜见刘邦，刘邦却漫不经心地坐在椅子上，让人伺候着泡脚。郦食其那时已经60多岁了，见刘邦这么不礼貌，就有点生气，说："你要是真想推翻暴虐无道的秦朝，就不该用这种倨慢的态度接见长者。"刘邦一听，意识到自己这么做不妥，连忙站起来赔罪。后来，郦食其成为刘邦麾下重要的谋士，为汉朝的建立做出巨大的贡献。

古话说："智者千虑，必有一失；愚者千虑，必有一得。"虚心听取他人的意见，不仅可以帮助我们更好地分析问题，还可以让我们从他人的经验中得到启迪，做出更明智的决策。

课本延伸

出处：四上·课文21·古诗三首·夏日绝句

无颜见江东父老

楚汉相争，最终刘邦胜出，项羽在垓下兵败。

项羽突围逃到乌江边，本来可以过江。那么，他为何放弃了这个机会？在《史记》里，太史公司马迁认为，项羽是觉得无颜再见江东父老，所以选择死战，最后力竭自刎。

这个观点影响深远。唐代诗人杜牧在《题乌江亭》一诗中就说："胜败军家事不期，包羞忍耻是男儿。江东子弟多才俊，卷土重来未可知。"他对项羽的抉择充满了惋惜，觉得大丈夫应能屈能伸、不必在意一时的输赢。若项羽能回到江东，重整旗鼓，最终未必不能胜利。

但也有人提出质疑，认为项羽不肯过江，是因为他发现形势已经变了，江东百姓可能已经不再拥护他。当时，江东已有不少地方拥汉反楚，上柱国陈婴也叛楚自立。

在大势已去的情况下，项羽就算过江，也没有多少胜算。

正如北宋王安石在《叠题乌江亭》诗中所说："百战疲劳壮士哀，中原一败势难回。江东子弟今虽在，肯与君王卷土来？"

200多年以后，李清照同杜牧、王安石一样，过乌江时想起项羽，也写了一首诗，便是课文中的这首《夏日绝句》。李清照看到现实中朝廷的苟且偷生，想到项羽的决绝，不由得发出"生当作人杰，死亦为鬼雄"的感慨。

拓展阅读

逐鹿与问鼎

秦朝末年，天下大乱，群雄并起，互相争斗。司马迁在《史记》里借谋士蒯（kuǎi）通之口，用一句话传神地描绘了这个情形。这句话是这么说的："秦失其鹿，天下共逐之。"

"逐"是追逐、争夺的意思，"鹿"比喻政权。这句话是说，秦王朝丢失了政权，天下英雄豪杰都来争夺它。后来，"逐鹿"就成了争夺天下的代名词，并衍生出"逐鹿天下""逐鹿中原"等说法。

跟争夺政权有关的，还有另外一个词，叫"问鼎"。

"问鼎"的典故出自《左传》。说是公元前606年——那时还是春秋时期，楚庄王北上讨伐陆浑戎（西戎的一支），大部队开到东周都城洛阳南郊。为了炫耀自己的武力，楚庄王下令搞了一场阅兵仪式。这可把当时的周天子——周定王吓坏了，他赶紧派大夫王孙满以慰问的名义，前去打探一下情况。

谁知话没说上两句，楚庄王居然向王孙满打听起九鼎的大小轻重。

这九个大鼎，相传是大禹所铸，代表天下九州，历来被视为国家政权的象征。楚庄王一个诸侯，居然询问九鼎的情况，其用心显然易见。后来，"问鼎"便被用来比喻谋夺王位，或觊觎某个地位，又逐渐引申为争夺第一的意思。

张衡：仰望星空的"科圣"

人物小传

张衡（78年～139年），字平子，南阳西鄂（今河南省南阳市）人。东汉时期杰出的天文学家、数学家、文学家，创制了世界上最早的浑天仪和地动仪，被誉为"科圣"。

人物故事

提出"浑天说"

日月星辰东升西落，它们从哪里来、到哪里去？日月在东升以前和西落以后，究竟停留在什么地方？

这些问题一直困扰着古人。他们冥思苦想之后认为，天是圆的，像一把张开的大伞覆盖在地上；地是方的，像一个棋盘；

日月星辰则像爬虫一样走过天空。这种想法,便是广为流传的"天圆地方说",也叫"盖天说"。

当然,并不是所有古人都这么认为,比如——张衡。

张衡出生于河南南阳一个诗书世家,年纪轻轻就写得一手好文章。除了文学,他对天文和历法也颇有研究。因为这些特长,在公元112年,他被任命为太史令,负责记录历史,兼管天文、历法以及祭祀等事务。

在这个位置上,张衡前后干了差不多14年。10多年的钻研和观测,使张衡取得了杰出的成就。其代表成果,便是"浑天说"。

西方中世纪曾有过"日心说"和"地心说"的斗争。其实,"浑天说"也是"地心说"的一种。

1800多年前的张衡,明确提出"天圆地方说"并不靠谱。他认为,天与地的关系应该像蛋清和蛋黄一样,蛋黄是地,蛋清是天,地被天包裹在当中,日月星辰都附着在天球上。白天,太阳升到我们这边来,星星落到地球的背面;到了夜晚,太阳落到地球背面,星星则升上来。如此周而复始,便有了日月星辰的出没。

张衡把地球当作天地的中心,这一点与古代欧洲的地心说不谋而合。不过,张衡认为天外有天,在人们能看到的日月星辰之外,还有着更加广阔的未知世界。这就比地心说高明多了——正如我们现在所知,太阳系外有银河系,银河系外还有更多的星系。

为了能够直观地解释自己的观点,张衡设计了一件仪器——

浑天仪。

浑天仪类似近代的天球仪，由支架和一个直径4尺多的中空铜球组成，球上刻有各种星座，能够由流水驱动，模拟现实天象中星体的运行。

据《晋书·天文志》记载，张衡把浑天仪放置在一个密室中，用水力驱动。浑天仪显示某星从地平线上出现，某星运行到天空正中时，与外面的实际天象一一吻合。

创制浑天仪，显示出张衡卓越的机械制造才能。据说，他一开始用竹篾（miè）制作模型，等验证无误之后，才换用铜来浇铸成型。

发明地动仪

除了浑天仪，张衡还有一件更有名气的发明——地动仪。

公元134年12月的一天，洛阳城南的天文台上，一架精铜铸造的仪器，突然"当"的一声吐出一颗铜丸。几日后，驿卒快马送来文书——陇（lǒng）西地震。地震的方位，正与仪器吐出铜丸的方位对应。

这架神奇的仪器便是张衡发明的地动仪（全称候风地动仪，也有人认为"候风"是另外一种测量风向、风速的仪器，即候风仪），是世界历史上最早的地震监测仪器，比英国人米尔恩在1894年设计的验震器早了1700多年。

在张衡所处的时代，地震十分频繁。据《后汉书》记载，从公元92年到公元125年30多年的时间里,全国各地共发生26次大地震。此后的几十年里,"京师地震""洛阳地陷"之类的字眼,也不时出现在历史记录中。地震引起山体崩塌、江河泛滥,有时甚至波及几十个郡①(jùn)。

古代通讯手段落后,地震的消息传到京城,最快也要几天时间,有时甚至几十天、几个月。这对于救灾、赈(zhèn)灾是十分不利的。而候风地动仪这件神奇仪器,可以在第一时间侦测到地震。张衡希望它能够告诉皇帝,在国家的土地上发生了什么,百姓需要皇帝去做什么。

只可惜,那时候人们的思想还未能摆脱迷信的影响,他们认为,种种自然灾害都是上天的惩罚。频繁发生地震这样的灾祸,说明执政者德行不够、必须受到惩罚。

结果,每一次大地震后,朝廷不是忙着救灾、帮助百姓恢复生产,而是忙着向老天爷做检讨,并罢免一批官员,让他们背负责任。

就这样,好好一个检验地震的仪器,却成了朝廷大臣眼中的不祥之物。因为它每一次发动,都意味着有一批人要倒霉。而它的发明者张衡,自然成为众矢之的。

公元136年,张衡被贬出京城,发落到河间国②当国相。3年之后,张衡逝世,享年62岁。他去世以后,再也没有人提起地动仪。这件曾经引起朝野震动的神器,就此消失在历史的角落里。

除了创制浑天仪、候风地动仪之外,张衡还研制出指南车、飞天木鸟、记里鼓车、瑞轮蓂荚③（自动日历）等装置，被后世誉为"科圣"。为纪念他，联合国将月球背面处于东经112度、北纬19度的一座环形山命名为"张衡山"，后来又把太阳系中一颗编号为1802的小行星命名为"张衡星"。

注：

①古代地方行政单位一般分为州、府、郡、县四级，郡大致相当于现在的地级市。唐宋以后，郡逐渐被废除。

②河间国，汉文帝时设立的诸侯国，辖区位于今河北省献县及泊头市一带。

③蓂荚(míng jiá)，古代传说中的神奇瑞草，其生长周期与月亮的盈亏相契合，被视为吉祥的象征。

联系与思考

探索未知

1800多年前，当人们还理所当然地认为"天圆地方"时，张衡已经把目光投向茫茫太空，去探究日月星辰的奥秘；并敏锐地发现，人类所在的地球只不过是广袤（mào）宇宙中的沧海一粟。

探索未知，是人类进步的重要动力。这种精神，驱使我们去发现新的可能性、增加我们对世界的认识，也推动社会的进步和发展。只有保持好奇心和勇气、勇于探索未知的领域，我们才能创造更美好的未来。

课本延伸

出处：三下·课文10·纸的发明·选做

能监测地震的地动仪

张衡发明候风地动仪这件事，记载于《后汉书》。

候风地动仪是一件以铜铸造的仪器，外形像一个大酒樽，直径约2米。"酒樽"内部有一根"都柱"，以及一系列复杂的传动机关。"酒樽"外壁的8个方位上，各铸有一条龙。龙头朝下，龙口含一颗铜球。"酒樽"底座上设有8只张着嘴巴的铜蟾蜍，跟8条龙一一对应。

地震发生时，地动仪感应到大地的震动，外壁上对应方位的龙就会吐出口中所含的铜球，由底座上的铜蟾蜍接住，其他方位的龙则保持不动。察看铜球掉落的方位，就知道哪个方位发生了地震。

曾有一次，地动仪上西北方位的龙吐出铜球，人们却没有感觉到地动。大家议论纷纷，觉得地动仪"谎报军情"。不料，几天以后消息传来，果然是陇西那边发生了地震，人们不得不叹服。

地动仪实际上是一台地震监测仪器，它巧妙地利用物理学上的惯性原理，通过机械传动装置，最终显示出震源所在的方向。如果能在多个地点安装地动仪同时监测，便能确定震源的精确位置。

在1800多年前，便能有如此精妙的地震监测仪器，实在令人赞叹。可惜的是，当时交通和信息传递方式落后，人们的思想观念保守、封闭，如此先进的仪器并未能发挥出应有的作用。

地动仪原物早已失传，历史记载也只有简略的文字，它的真实模样已经无从得知。我们现在能看到的地动仪其实是想象中的复原模型，但这也足以证明其可行性和科学性。

拓展阅读

地心说与日心说

人类对我们所处的这颗星球以及宇宙的认识，有一个漫长的过程。

最初，人们看到广袤的平原、无边无垠的大海，很自然地就形成"地是平的"这个印象；而天空笼罩在大地上，像个倒扣的锅，所以被认为是圆的。"天圆地方说""地平说""盖天说"等，差不多都是类似的观点。

后来，人们发现这种说法有问题。比如在南方能看到南边天空的某些星星，到北方就看不到了。如果大地是平的，应该都能看到才对。还有，站在海边观察，从海上驶来的帆船总是先露出桅杆，再露出船身。一些科学家通过观测月食，发现大地在月球上的投影是弧形的。这些都说明，大地和海洋并不是平的，而应该有弧度。就这样，人们终于知道，我们脚下的大地是一个巨大的圆球。

既然大地是球形，其他星球都围绕着地球运行，地球自然就是宇宙的中心了。这便是"地心说"，也称为"天动说"。张衡提出的"浑天说"，其实也属于"地心说"的一种模型。在16世纪"日心说"创立之前，"地心说"一直占统治地位。

所谓"日心说"，是波兰天文学家哥白尼提出的学说。他认为，地球围绕太阳在转，太阳才是宇宙的中心，也称为"地动说"。

随着牛顿万有引力定律的提出，以及天文观测手段和观测仪器的不断进步，人们终于弄清楚，在地球和月球这个系统中，地球确实是中心；而在太阳系中，太阳才是"带头大哥"。不过，太阳系外还有银河系，太阳系只处于银河系的边缘地带。在银河系外，仍然存在着众多星系，统称为"河外星系"。就此而言，人类对宇宙的认识，不过只揭开了冰山的小小的一角。

蔡伦：用一张纸改变世界

人物小传

蔡伦（生卒年不详），字敬仲，东汉桂阳郡（今湖南耒阳）人。蔡伦总结前人造纸经验，改进造纸术，使纸张成为实用产品，被奉为造纸鼻祖、纸圣。

人物故事

蔡伦造纸

我们经常在电视剧或电影里看到，古人的书架上，堆满一卷卷用竹简或木片编串而成的书。古代的竹简书，是怎么变成现在你手里捧的这种样子呢？这就不能不提一个人——蔡伦。

蔡伦是东汉第四位皇帝——汉和帝刘肇（zhào）身边的一

名宦官，在宫中担任中常侍①，兼任尚方令，深得皇帝信任。

尚方，是古代为帝王和宫廷制造器物的作坊。戏剧和影视剧里常常出现的"尚方宝剑"，指的就是由尚方制造的宝剑。因为它是为皇帝打造的，所以代表着至高无上的权力和正义。

汉和帝的皇后邓绥（suí），平时很喜欢写字、画画儿。但是，那时候用于书写的材料，要么是竹简、木片，要么是绢帛（bó）、布匹。简牍（dú）十分笨重；绢帛倒是轻便，就是太贵，即便皇家也不好这么浪费。

于是，作为主管尚方工作的尚方令，蔡伦就想着，有什么办法能解决这个问题呢？答案很简单，那就是用纸。

其实，中国人很早就会造纸。最早的"纸"，可以追溯到蚕农们缫（sāo）丝漂絮时的副产物"赫蹏（hè tí）"（或称"方絮"）。考古发现则证实，西汉时就已经有了麻质纤维纸。

但这些纸并没有得到普及，原因是产量少、成本高，且质量太差。古人写字用的是水墨，纸张质量不好的话，写字时就会洇（yīn）墨，根本没法用。蔡伦要解决的问题，一是提高纸的质量，让它好用；二是降低制造成本，让它易用。

为了造出又好用又便宜的纸，蔡伦集结了一批工人，四处搜集造纸经验，然后利用各种材料进行试验。据史书记载，树皮、破布、切碎的麻，甚至还有破渔网，都成为蔡伦试验的对象。

公元105年，在经过反复研究和试验以后，蔡伦终于制出符合要求的纸张。这些纸不仅书写没问题，造价也低廉，原料首选树皮，几乎是随手可得，非常环保。

新技术获得成功以后，蔡伦立即上奏朝廷，奉上样品。汉和帝大为赞赏，邓皇后自然也对蔡伦青眼有加。因为蔡伦曾被封为龙亭侯，他造的纸也就有了"蔡侯纸"的称呼。

在得到皇帝的肯定之后，蔡伦的新式造纸术迅速普及开来。东莱掖（yè）县有个叫左子邑的人，更是将蔡伦技术加以改进，增加砑（yà）光、平面干燥等步骤，创制出一种光洁细软、质地更优良的新型纸，人称"子邑纸"（或"左伯纸"）。

新型实用纸张的出现，使中国书法和绘画艺术获得了施展的空间，更是大大促进了文化的发展和传播。时间倒流80年，光武帝刘秀夺得了天下，从长安皇宫里搬运东西到新都洛阳，仅仅简牍就用了2000辆大车。可以想象，没有纸的世界是多么可怕！

也许有人会说，既然蔡伦以前就有人会造纸，为何把荣誉记在蔡伦头上？其实这跟爱迪生发明电灯是一个道理。在爱迪生发明碳丝灯泡之前，已经有不少人用相同的原理和材料点亮了电灯，但只有爱迪生使其成为可靠实用的产品。蔡伦固然不是造纸第一人，但他对将造纸术转化为实用技术做出了杰出贡献，自然备受推崇。

后来，蔡伦改进的造纸术，与火药、指南针和印刷术一起，被誉为中国古代最杰出的四大发明。

注：

①中常侍，秦朝时设立的职位，到东汉时专用宦官为中常侍，负责传达皇帝的命令及管理宫中文书等，权力很大。

联系与思考

集思广益

决定攻克造纸难题之后，蔡伦做了两件事：一是广泛搜集前人造纸的经验，二是组织人手试验各种材料。由此可见，集思广益、博采众长，是蔡伦改进造纸技术的成功经验中极其重要的一点。如果他只是一个人关在家里闷头搞研究，是否能改进造纸术，还真的很难说。

"尺有所短，寸有所长。"每个人都有自己擅长的地方。只有广泛听取意见和建议，吸收、借鉴他人的优点和长处，我们才能够更全面地考虑问题，找出更好的解决方案，创造出更好的成果。

课本延伸

出处：三下·课文10·纸的发明

造纸术为何位列四大发明

17世纪，英国有个叫弗朗西斯·培根的学者，在他的代表作《新工具》一书中说："印刷术、火药、指南针改变了整个世界……没有一个帝国、没有一个学派、没有一个显赫有名的人物，能比这三种发明在人类事业中产生更大的力量和影响。"

200多年以后，另一位英国学者艾约瑟提出，三大发明里应该加入造纸术。因为这4种发明都来自中国，"中国古代四大发明"的说法就这样产生了。

纸在日常生活中算是一件十分不起眼的东西，很多人可能都不会注意到它的存在。那它为何会被列为四大发明之一呢？

我们不妨看一看纸张发明以前的情形。

一开始，人们把文字刻在兽骨、龟壳或者石板上，费时费力，还不方便保存。后来，人们找到兽皮、丝帛、竹简、木牍等书写材料。但兽皮、丝帛太贵，竹简、木牍编成册后又太笨重。总而言之，受限于书写材料，人们没办法大规模传播知识与文化。

纸张发明以后，情况就不同了。原本一根竹简只能写十几个字，一篇1000字的文章需要六七十根竹简，编在一起有500克重。换成纸来写，一两张纸就够了。

纸张又轻便又便宜、容量又大，用纸抄书或印书，成本大大降低，让人们买得起。如此一来，知识和文化的传播速度就越来越快、范围越来越广，文化的交流也越来越频繁，大大促进了社会的发展和进步。可以说，造纸术位列四大发明，当之无愧。

如今，电子存储设备越来越多地成为信息的载体，文化传播日益电子化、数字化。但纸张的作用仍然不可替代，它依然造福着人类社会。

> 拓展阅读

木头是怎么变成纸的

纸是我们生活中不可或缺的用品。那你知道它是怎么制造出来的吗?

一般来说,现代造纸工艺分为制浆、调浆、抄造、加工四个步骤。

纸张的主要成分是植物纤维。所以,造纸的第一步,就是将木头、秸秆、竹子等植物原料中的纤维分离出来。办法通常是机械粉碎、高温蒸煮,并利用碱性化学药剂去除木质素、丹宁等可溶物质,再进行漂洗、过滤。

经过这样一系列处理程序之后,木头就变成纸浆。但这时还不能用来造纸,因为纸浆中的纤维缺乏柔韧性、纤维与纤维间的连接性欠佳。这时要对纸浆进行调制,这个过程一般叫作打浆,即把纸浆放进搅拌机搅拌,并加入一些填充剂,使纸浆纤维分散开,能均匀地悬浮在水里。

接下来,把调制好的纸浆放入抄纸机,就可以造纸了。

抄纸机里安装有筛网,把调好的纤维悬浮液倒在筛网上,经过脱水、干燥、压平等工序,就得到了纸张。

当然,现代造纸工厂里出来的产品,都是一大卷一大卷的纸材。还要经过裁切、包装,才能成为我们常见的打印纸和复印纸。

漫画小剧场

始料不及

我居然读过这么多书，真是学富五车啊！
哎呀，飘了飘了！
家人们谁懂啊，这是不是病？怎么治？
治病，你只需要一张纸！
纸的普及，使书籍的容量极大增加，制作成本大幅降低，推动了文化的广泛传播。
我恨纸……

曹操：治世能臣，乱世奸雄

人物小传

曹操（155年~220年），字孟德，小名阿瞒，沛国谯县（今安徽省亳州市）人。东汉末年政治家、军事家、文学家，三国时期割据政权魏国的奠基人和主要缔造者，他儿子曹丕（pī）称帝后，追尊他为魏太祖，谥（shì）号武帝。

人物故事

装病诬叔

曹操本来姓夏侯，他父亲曹嵩做了宦官曹腾的养子，所以改姓了曹。

因为这个出身，曹操小时候常被人骂"阉人遗丑"，当时的社会名流很瞧不上他。而且,他年少时还特别顽劣、胆大妄为,整天游手好闲、不务正业。

南朝梁时期有个叫刘昭的人,写了一本名叫《幼童传》的书,里面记载了曹操小时候的一件事。说是一天下午,曹操逃课溜到涡河①去玩水。他正玩得高兴,水里忽然冒出一头蛟。

所谓蛟,就是鼍②(tuó)、鳄之类的动物。曹操不仅不害怕,反而去打它,还把它给打跑了。后来,其他人发现涡河里有水蛟,吓得不得了,曹操嘲笑他们胆小,大家这才知道他早就跟水蛟交过手了。

曹操的叔父见这小子实在不学好,就向曹操的父亲曹嵩告状。曹嵩狠狠地责罚了曹操。曹操心里生气,老想报仇。

一次,叔父来家里,曹操趁跟前没有别人,扑通一下倒在地上、翻着白眼,像是突发中风的样子。叔父被吓了一跳,哪里想到其中有诈,赶紧去叫曹嵩。曹嵩急吼吼地跑过来,却发现曹操好端端地坐在那儿。他奇怪地问:"你叔父说你中风了,为何现在一点事也没有?"

曹操装作莫名其妙的样子,说:"我本来就没什么事啊!是不是叔父不喜欢我,又在你面前说了我什么坏话?"曹嵩信以为真,从此不再相信弟弟的话了。

许攸问粮

南阳人许劭(shào)以善于识人著称。曹操曾去拜访他,请他评价一下自己。许劭给他的结论是："治世之能臣，乱世之奸雄"。东汉末年，黄巾军起义，天下大乱。果然，在镇压黄巾军起义的过程中，曹操从一个名不见经传的小官，逐渐成为手握重兵的一方豪强。

公元199年，占据北方的袁绍率10万大军南下，准备进攻许都③。许都是曹操的大本营，他自然要派军迎战。次年，两军在官渡（今河南中牟东北）对峙。当时，曹操兵力空虚、粮草也不足，形势十分危急。

在这关键时刻，袁绍的谋士许攸（yōu）投奔曹操。曹操深夜得知许攸从袁绍营中过来，十分高兴，连鞋都来不及穿，光着脚就跑出来迎接。许攸也算是曹操的老熟人，此时两人相见，分外亲热。寒暄已毕，曹操便向许攸问起最关键的一个问题：有什么办法能破袁绍的大军？

为什么这么问？因为曹操明白，许攸这个时候投奔自己，肯定是有大招的。

许攸没有直接回答，而是问："现在军中还有多少粮草？"曹操想也不想，张口就来："还有一年的粮草。"许攸高深莫测地笑了笑，说："恐怕未必吧？"曹操肯定地说："半年应该是有的。"

听了这话，许攸袖子一甩："我真心来投奔你，你却连番欺瞒我。这可不是我想看到的啊！"说着站起来就要走。曹操连忙拉住许攸，说："子远④别生气，实话告诉你，现在军中粮草还能坚持三个月。"

许攸大笑起来："世人都说你曹孟德是'奸雄'，今日一见，果不其然啊！"曹操也笑了："你难道没听说过'兵不厌诈'吗？"然后伸过头对着许攸耳朵悄悄说，"给你透个底，军中只有这一个月的粮草了。"

都这时候了，曹操还不说实话。许攸忍不住叫道："别骗我了，军中已经没粮草了吧？"曹操愕然道："你怎么知道？"许攸便拿出一封信，正是曹操写给荀彧⑤（yù），让他火速筹集粮草的信。原来，许攸早就截获了这个情报。

许攸问粮，不过是明知故问。而曹操的回答，尽显他的狡诈本性。所以，许劭说他是"奸雄"。

这个小插曲过后，许攸给了曹操一个重要情报——袁军的储粮重地在乌巢⑥；只要偷袭乌巢，烧掉粮草，袁军自会溃败。曹操依计而行，果然得手。这关键的一击，彻底扭转了战局，使曹操获得官渡之战的胜利，为统一北方奠定了基础。

割发代首

有两个小故事，也颇能反映曹操的权谋之术。

曹操曾组织士兵和农民屯田。所谓屯田，就是由官方或军队出面组织，大规模开垦荒地、种植粮食。利用士兵屯田的，叫军屯；招募农民屯田的，叫民屯。为了保护粮食生产，曹操发布公告：所有军士，行军不得毁坏麦田，违者处斩。因此，士兵们非常小心，行军路过麦田边时，都老老实实下马而行。

不凑巧的是，有一次，曹操自己骑着马，那马不知怎么回事，一头扎进麦田，踩坏了一大片麦苗。按照他发布的公告，这得问斩。主管刑罚的官员犯了难，只好说"刑不加主帅"。曹操说："这怎么行？制定法令的人，自己犯法不受惩罚，怎么能服众？"

那怎么办呢？不能真的拉去砍头吧？曹操眼珠一转，有办法了。不是说"身体发肤，受之父母，不敢毁伤"吗？那就割头发代替脑袋吧！于是，他拔出佩剑，割下一绺头发放在地上，代表接受刑罚了。也不知那些因为失误踩了麦田、被砍掉脑袋的士兵，在九泉之下作何感想。

还有一个故事，叫望梅止渴。说的是曹操率军去讨伐张绣，当时正值盛夏，酷热难当。部队走到一片荒野的时候，刚好到了中午，大家又热又渴，四下里都找不到水源，眼看坚持不住了。

没有水，士兵们都走不动了，可在这荒野里也不能久留，怎么办呢？曹操略一思忖，便想到一个办法。他把马鞭往前方一指，说："前边有一大片梅林，这时候肯定结满又酸又甜的梅子，吃了一定解渴。大家赶紧走吧！"

士兵们一听，嘴里不由得都涌出口水，仿佛不那么渴了，腿脚也有了力气。靠着吃梅子这个念头的支撑，大部队终于走出荒野，顺利找到了水源。

注：

①涡河，淮河第二大支流，发源于河南省尉氏县，流经安徽省亳州、涡阳，在怀远县汇入淮河。

②鼍，一般指扬子鳄，民间俗称"土龙"或"猪婆龙"，曾

广泛分布于黄河、淮河、长江和钱塘江等流域。

③许都是许昌的别称，位于今河南省许昌市建安区东部。

④子远，许攸的字。

⑤荀彧，曹操手下谋士，为曹操规划了统一北方的蓝图和军事路线，被曹操称为"吾之子房"。子房即张良，是汉高祖刘邦的杰出谋臣，西汉开国功臣。

⑥乌巢，汉代地名，在如今河南省延津县境内。

联系与思考

望梅止渴

曹操行军，部队缺水，士兵们眼看就要支撑不住。这时，曹操告诉大家，前方有梅林，梅子又酸又甜。士兵们一听，顿时有了力气。凭着这股劲头，大部队终于找到水源。

不管是生活中还是学习上，当我们遇到困难，坚持不下去的时候，不妨给自己设定一个美好的目标——就像曹操口中的"梅林"一样。它能给我们带来希望，让我们有动力和勇气去克服困难、继续前行。

课本延伸

出处：二上·课文4·曹冲称象

曹冲称象背后的智慧

如果要盘点历史上的神童,曹冲算一个。而他最为人熟知的故事,便是课文中所讲的"以舟称象"。

这个故事看起来很简单,实际上背后隐藏不少科学和数学原理。

首先是浮力原理。为什么用船可以测出大象的重量呢?因为根据浮力原理,物体在水中受到的浮力等于其排开水的重力。当大象站在船上时,船排开水的重力等于大象与船受的总浮力。此时,测量船下沉深度的变化,就可以得到大象在水中受到的浮力。

其次是等量代换。在当时的条件下,大象没法直接称量。但是,把大象赶上船,标记出船下沉的水位线后,仍然没法测量它受到的浮力,或者说它排开的水的容积。怎么办?曹冲的办法,是等量代换,即把大象换成石头。浮力原理是铁律,只要保证两次测量的吃水线相同,石头和大象受到的浮力就是相同的,换言之,它们的重量就是相同的。

最后是化整为零。这是数学中一种重要的思维策略,本质是"分解思维",即将复杂或庞大的对象,分解为更小、更简单的单元,使问题变得更容易理解和解决。大象不好称,等量代换成石头后,就可以化整为零、一块块称完再累加了。

拓展阅读

名、字、号

古人的名字很复杂，有名、字、号，有时候号还不止一个。看起来复杂，细究起来其实挺有趣。

我们常说"你叫什么名字"，"名字"这个词，其实包含了"名"和"字"。

"名"是一个人的代号。在古代重男轻女的社会环境中，一般只有男孩才有资格取名。男孩长大以后，只有长辈可以叫他的名，一般朋友或同辈人只能叫他的字。"字"又称"表字"，意思是说，它也可以表达一个人的名。所以，字往往跟名是有关联的，而且一般带有美好的寓意。

比如曹操，名操，字孟德；操有操行的意思，德有品德的意思。再比如苏轼，名轼，字子瞻；轼是古代车厢前面用作扶手的横木，瞻有向前看的意思——坐在车上扶着扶手，不就是要向前看吗？

至于"号"，是名和字之外的称号，也叫"别字"。号就不一定跟名和字有关联，形式也很自由，可以是两个字，也可以是三个字或更多。比如苏轼被贬到黄州时，因为在朝东的山坡上种地，就给自己取了个号叫"东坡居士"。

神医难治

主公，您这头痛的毛病，只需做个小手术，取出脑袋里的风涎即可。
来，喝了这碗麻沸散，我们就可以开始了！
这斧头不会刚劈过柴吧？消毒没有？
毕竟要劈开脑壳，是不是慎重一点？先照个CT确认一下病灶？
还有，麻醉药剂量够不够，要不要输血呢？
这手术没法做了，告辞！
神医，别走啊，我还没说完呢……

王戎：是名士也是俗人

人物小传

王戎（234年~305年），琅琊（láng yá）郡（今山东省临沂市一带）人，魏晋时期名士，"竹林七贤"之一。因参与晋灭东吴有功，被封为安丰县侯，人称"王安丰"。后来官至司徒，位列三公。

人物故事

少年聪慧

唐朝大诗人刘禹锡写过著名的《乌衣巷》："朱雀桥边野草花，乌衣巷口夕阳斜。旧时王谢堂前燕，飞入寻常百姓家。"诗里的"王"，说的就是魏晋时期的名门望族——琅琊王家。

王戎便是由这琅琊王家走出来的神童。据说，他小时候特别聪明，悟性极高，一点就通。课本上"王戎不取道旁李"的故事，就是一个典型例子。那时候，王戎才7岁。

同样是在7岁这年，王戎还有另一个故事，也值得讲一讲。

当时的皇帝是魏明帝，这家伙守着爷爷曹操打下的江山，前期颇有些建树，但后期好大喜功，就喜欢玩些新鲜玩意儿。

有一次，魏明帝不知从哪里搞来一头老虎，为了显示自己的威猛，决定把老虎放到广场上，演一场"伏虎"戏。怎么演呢？当然不是他自个儿上去打虎，而是把老虎关在笼子里，由士兵去砍掉它的爪子、敲掉它的牙齿。

这样一场荒唐的闹剧，还真镇住不少人。被砍掉爪子、敲碎牙齿后，老虎疼痛难忍，大吼大叫起来，把笼子撞得咣咣响，好像随时要冲出来一样。一时间，围观的人惊慌失措、四散奔逃，有的甚至吓得屁滚尿流、瘫倒在地。魏明帝见此场景，乐得哈哈大笑。

可笑着笑着，他笑不出来了。虎笼子前，居然有一个小孩气定神闲地站在那里，饶有兴味地看着咆哮的老虎。

这个不怕死的小家伙，就是王戎。魏明帝瞧着奇怪，就派人去问，一问才搞清楚，原来这小孩早就看穿了他的把戏：老虎爪子被砍掉了、牙齿被敲碎了，就算它叫得再凶，又能把人怎么样呢？

雅俗之间

魏晋时期,社会上有这么一些人,他们思想前卫、才华横溢,为人处世率性任诞、不拘礼节。这些人被称为名士。

出身名门的王戎,长大以后也成为这样一位名士。那时候,他常跟嵇(jī)康、阮(ruǎn)籍、山涛、向秀、刘伶、阮咸等朋友,在山阳县(今河南焦作修武县)一带的竹林之中饮酒、纵谈,后人便将他们称为"竹林七贤"。

现在人们说起魏晋名士,津津乐道的便是他们标新立异、特立独行的处世方式。在这方面,王戎的"光辉事迹"也不少。

王戎家有一片品种非常不错的李子树,结的李子又大又甜。奇就奇在,这些李子他不吃,而是要拿去卖掉。卖就卖吧,他还有离奇举动——事先在每颗李子上钻个洞,把李子核钻坏。费这劲干什么呢?据说是为了防止他家的优良品种李子外传。

王戎的女儿出嫁后,曾向他借过一笔钱。在没还清这笔钱之前,女儿每次回娘家,王戎都不给她好脸色。直到还完钱,王戎脸上才有了笑意。王戎的侄子结婚时,王戎曾送他一件单衣。没过多久,王戎居然反悔,又把这件单衣要了回来。

同样是这个王戎,在父亲去世时,拒绝了亲朋好友送上的赙(fù)礼[①],把收到的钱物全退了回去。这可不是个小数目,合起来有100多万钱。要知道,接受赙礼在当时是合情合理、天经地义的事情,也不会有谁跳出来横加干涉。

这就是王戎，雅起来就可纵酒高谈、飘然世外，俗起来一个李子也斤斤计较，把拿着算筹②（那时候还没有算盘）算账当人生乐趣，让人搞不清楚他是真爱财还是故作姿态。

注：
① 赙礼，送给办丧事人家的钱物。
② 算筹是古代的一种计算工具，它利用小竹棍（也有用木头、骨头和金属制成的）不同的摆放位置，来表示不同的数字和数位，从而进行计算。

联系与思考

道旁之李

"王戎不取道旁李"的故事，后来演变成一句老古话，叫"路边的李子不甜"。再后来，人们又据此演绎出"苦李子定理"，用学术语言表述就是：一种可能被大多数参与者采用的常规方法未被普遍采用，那么这种方法有极大可能给参与者带来负收益。

这个定理告诉我们，无论做什么，最好先做全面、科学的分析；做好预判，就不会一哄而上、盲目去做类似摘苦李子的无用功。

> 课本延伸

出处：四上·课文 25·王戎不取道旁李

有趣的《世说新语》

王戎不取道旁李的故事，出自《世说新语》。《世说新语》是一本笔记小说，由南朝宋临川王刘义庆组织编撰，又名《世说》，主要记述东汉末至东晋末 200 多年间一些名人名士的言行、轶事。

笔记小说是中国古典小说中一种特殊体例，介于随笔和小说之间，篇幅短小、形式灵活，多以人物轶事趣闻为题材。其源头，一般认为是《世说新语》。当然，《世说新语》也是笔记小说的代表作。

《世说新语》在历史上是一部很有名的书，非常受读者欢迎，因为它特别有趣。比如——

吴兴太守张玄之小时候很聪明，他 8 岁那年掉了一颗门牙。有人故意跟他开玩笑，问他："你嘴里怎么开了个狗洞？"张玄之想也没想，随口答道："正是为了让你们这样的人进出啊！"

魏文帝曹丕听说钟毓、钟会兄弟俩很聪明，就让他们进宫觐见。两人进宫以后，钟毓出了一脸汗，钟会脸上却一滴汗都没有。曹丕问钟毓："你怎么出汗了呢？"钟毓说："战战惶惶,汗出如浆。"曹丕又问钟会:"那你怎么不出汗呢?"钟会说:"战战栗栗,汗不敢出。"

王子猷(即王徽之,书圣王羲之的儿子)住在山阴的时候,一次夜里下起大雪。他一觉醒来,见外面一片银白,忽然想起老朋友戴逵,便连夜乘小船前去拜访。当时戴逵住在曹娥江上游的剡(shàn)县,王子猷走了大半夜才到。可是,到了戴逵家门口,他却没进门,也没跟戴逵打招呼,转身就回去了。有人问他为何,王子猷说:"我本是乘兴而来,兴致已尽,自然返回,为何一定要见到戴逵呢?"

《世说新语》记述了1100多则小故事,共约8万字。每则故事平均六七十字,虽然短小,却描绘传神、意味深远。感兴趣的话,不妨找来读一读。

拓展阅读

"孔方兄"与"阿堵物"

在文艺作品里,钱常被戏称为"孔方兄"或"阿堵物",你知道它们是怎么来的吗?

"孔方兄"其实好理解。古代钱币一般用铜铸造,类似现在的硬币,只是中间有一个方孔。古代铸造技术和模具制作比较粗糙,浇铸完成的钱币会有毛刺,需要进一步加工打磨。这个方孔,能起到固定作用。用一根方形的细木条插到方孔中,它们就不会乱转动，便于加工打磨。慢慢地，人们就将钱币叫作"孔方兄"了。

"阿堵物"又是怎么回事呢？

王戎有个堂兄弟名叫王衍，此人标榜清高，从来不说"钱"字。有天晚上，王衍的夫人趁他睡着时，叫婢女悄悄把一串串铜钱搬到卧室，堆在床前。她觉得，王衍醒来没办法下床，肯定会叫人来拿走这堆钱。不料，第二天早晨王衍醒来却大叫："举却阿堵物！"

"阿堵物"本意即"这个东西"，"举却"是拿走的意思。由于王衍这个经典的段子，"阿堵物"从此成了"钱"的别名。

漫画小剧场

王戎钻李

卖李子咧，又大又甜的王家李子咧——

正宗钻核

给我来二斤！
我要五斤！

正宗钻核

幸亏钻了核，要是让他们得到这么好的李子种，老爷的生意就没得做了。

错！

东西好不如故事讲得好，懂不懂？又大又甜的李子多了，不搞点噱头，谁会注意到咱？

他人笑我太悭（qiān）吝，我笑他人看不穿！哇哈哈……

祖冲之：中国古代数学巨匠

人物小传

祖冲之（429年~500年），祖籍范阳郡遒（qiú）县（今河北省涞〔lái〕水县），出生于建康（今江苏省南京市），是南北朝时期杰出的数学家、科学家、天文学家。他在前人研究的基础上，首次将圆周率精确计算到小数点后第七位，这一记录领先外国千年。

人物故事

醉心数术

如果按现在的说法，祖冲之属于典型的理科男。

他小时候不喜欢读书，不喜欢背诗文，就喜欢数学和天文。据说，父亲教他背书，教了一两个月，他也没记住几句。

祖冲之的祖父是朝廷里的"大匠卿"，负责管理土木工程。他父亲叫祖朔之，担任"奉朝请"，这是一个闲职。但祖朔之学识渊博，经常为朝廷的典礼和各种活动提供咨询意见。土木工程少不了数学计算，朝廷礼仪常常涉及历法，历法又离不开天文。在这样的家庭环境中耳濡目染，难怪祖冲之会对数学和自然科学产生浓厚兴趣。

祖冲之曾撰文说，自己从小就立志"专功数术"，要在数学上做出一番成就。为此，他"搜烁古今"，把能找到的资料、文献、记录，都搜罗过来，一一详加研读。

非常难得的是，祖冲之研究前人著述，又不迷信古人。对书中的结论，他都要反复测算验证。

《南齐书·祖冲之传》中，引述了这样一句话："亲量圭尺，躬察仪漏，目尽毫厘，心穷筹策，愿闻显据，以核理实，浮词虚贬，窃非所惧。"意思是说，他在做研究时，总是坚持实证考察，亲自进行精密的测量和细致的推算，力求去伪存真、得出精确的结果。

就这样，祖冲之逐渐成为数学和天文方面的青年才俊。朝廷给他安排了一个对口的职位——到总明观任教。总明观是当时全国最高级别的科研学术机构，有藏书、研究、教学三大职责。在这里，祖冲之一边教学一边苦读，接触到更多学科的知识。

精算圆周率

公元464年，祖冲之35岁，此时他已经离开京城，调到地方任职三四年了。公务之余，他仍坚持学术研究。大约在这个时候，他开始计算圆周率。

所谓圆周率，就是圆的周长与直径的比值。圆是由弧线围成的，没办法精确测量周长。而人们在实践中发现，圆的周长与其直径的比值是一个固定的数值。只要测算出这个值，就能根据直径，方便地解决圆的周长、面积以及球的体积等的计算问题。

在祖冲之之前，魏晋时期的数学家刘徽，就已经研究过圆周率的问题，还提出计算圆周率的科学方法——割圆术。

简单来说，就是通过计算圆的内接正多边形的周长，来获得圆的周长的近似值。随着这个内接正多边形的边数不断分割地增多，它的周长也就无限逼近圆的周长。用刘徽的话来说，就是"割之弥细，所失弥少，割之又割以至于不可割，则与圆合体而无所失矣"，再用这个周长除以直径，就能得到圆周率的数值。

利用这个方法，刘徽将圆内接正多边形割到192边，计算出圆周率的值为3.14。再进一步分割到3072边，得到圆周率为3.1416。这个值被称为"徽率"，其误差已经非常小了。

祖冲之认为刘徽的方法是正确的，但结果还可以再精确。

于是，他在正3072边形的基础上，又分割了3次。每分割一次，边数就多一倍，最终达到24576边。

经过几年的努力，祖冲之计算出两个数值，一个是3.1415926，一个是3.1415927。祖冲之把前一个数称为朒（nǜ）数[①]，后一个数称为盈数[②]。他认为，正多边形还可以再分割下去，但无论再分割多少次，其结果都不会超出朒数和盈数的区间——也就是说，圆周率真实的值，就介于这两个数之间。

现代计算的结果，证明祖冲之的结论完全正确。这个记录直到1000多年后，才被阿拉伯数学家打破。

祖冲之还提出了圆周率的两个分数形式，一个是22/7，约等于3.14，因为比较粗疏，称为约率或疏率。另一个是355/113，约等于3.1415927，相对精密，所以称为密率。中国古代没有用分数进行计算的习惯，祖冲之的这一提法，也算是一大创举。

为了纪念祖冲之的功绩，人们把他对圆周率的计算结果称为"祖率"。

据史料记载，祖冲之还编撰了数学著作《缀术》，汇集了他和他儿子祖暅（gèng）的数学研究成果，内容已经涉及高次方程的解法。在唐代，这本书是国子监算学馆的必读书目。但是，因为内容过于艰深，能弄懂的人不多。到了宋代，这本书就失传了。

注：

①朒，本意是指农历月初月亮在东边天空出现的情形，也用来指农历月初的月亮。它引申的意思是亏缺、不足，朒数即不足的数值。

②盈，本义是盛满、充满，引申为多出、有余。盈数，即过剩的数值。

联系与思考

坚持不懈

我们现在很难想象，祖冲之是怎么完成圆周率的复杂计算的。

当时没有电脑，没有计算器，甚至连算盘都还没有发明出来。他能用的工具只有算筹，也就是一堆小木棍或小竹片。而他要面对的是至少9位且带小数的数字，要进行加减乘除，还要做开方运算。

据说，祖冲之在计算时，一个人忙不过来，就叫儿子来帮忙。每一步计算完，都要反复验算，直到结果完全一致才进行下一步。如果没有超人的毅力，是绝对不会成功的。

毅力是人们在追求目标过程中克服困难、持续努力的关键因素。当面临挑战和困难时，那些具有超人毅力的人，更有可能坚持下去，直到达成目标。

> 课本延伸

出处：三下·课文10·纸的发明·选做

人们为什么要精算圆周率

圆在生活中很常见，比如圆形的田块、圆锥形的谷堆、圆柱状的粮仓，要计算它们的面积、体积和容积，就绕不开圆周率这个常数。

现在我们知道，圆的面积等于 πr^2，其中 r 是圆的半径，π 是圆周率。其实，古人对这个问题也早有研究。比如，创作于公元一世纪左右的数学著作《九章算术》中，就给出了计算圆的面积的多种方法，其中两种是这样的：（1）"半周半径相乘得积步"，即圆的半个周长乘以半个直径等于圆的面积。（2）"周径相乘，四而一"，即圆的周长和直径相乘，再除以四，等于圆的面积。不难发现，这两种方法最终计算出来的也是 πr^2。

圆的半径 r 是一条线段，可以测量，而周长是圆弧，没法精确测量。古人发现，圆的周长和直径的比值是固定的，大约是 3，如《周髀算经》中就有"周三径一"的说法。于是，人们便用直径乘以 3 来算周长。

这个 3 便是圆周率，只不过很不精确。用这个数值来计算，得出的结果跟实际情况误差较大。所以，历代数学家都想把圆周率推算得更精确一些。西汉学者刘歆通过测量和计算，把圆周率的数值精确到 3.1547，世称"歆率"。东汉科学家张衡用立圆术，计算出的数字是 3.1622（另有一种说法为 3.1724）。三国时期数学家刘徽创造出割圆术，计算出圆周率近似值为 3.14，这一数值被称为"徽率"。

"徽率"已经十分精确了，我们现在日常计算使用的也是这个数值。但是，在祖冲之看来，3.14 仍然不够，他需要更精确的数值。这种精益求精的思想，推动着他最终将圆周率准确计算到小数点后第 7 位，创造了历史上的新纪录。

拓展阅读

π 的计算史

圆周率是数学中的一个常数，一般用希腊字母 π 表示。它是一个无理数，也叫无限不循环小数，不能用分数表示。若写成小数形式，小数点后会有无限多个数字。

历史上，刘徽和祖冲之用"割圆术"计算圆周率。祖冲之费了很大力气，才将圆周率算到小数点后第 7 位。古希腊数学家阿基米德，也是通过计算圆的内接和外切正多边形，来求圆周率的近似值。

微积分发明以后，数学家们开始用公式直接计算圆周率，这比用几何的方法快得多，而且更精准。1948 年，英国数学家弗格森和美国数学家伦奇共同发表 π 的 808 位小数值，创造了人工计算圆周率值的最高纪录。

随着计算机时代的到来，没有人再尝试手工计算圆周率了。跟计算机相比，人工的效率实在太低。比如手工计算圆周率 808 位小数值需要几个月，但 1949 年人们首次使用电子计算机计算 π，只用 70 小时就计算到小数点后 2037 位。

现在，利用超级计算机，科学家们已经将 π 计算到小数点后约 105 万亿位。其实，在实际应用中对 π 的精度根本不需要这么高。就连计算航天器的轨道，也只用到小数点后 15 位。但是，科学家们仍然在不断挑战极限，未来这个纪录可能会不断被刷新。计算 π，已经不仅仅是为了得到一个精确数字，而是有着更高远的目标——推动数学和计算机科学不断向前发展。

毕昇：点燃印刷变革的火种

人物小传

毕昇，北宋蕲州蕲水县（今湖北省黄冈市英山县）人，活字印刷术的发明者。他总结历代雕版印刷的经验，经过反复试验，制成胶泥活字并成功进行排版印刷，使其成为印刷术发展史上一项具有划时代意义的创造。

人物故事

发现问题

蔡伦改进造纸术以后，纸张得以普及。然而，在把纸变成书的事情上，古人一直没什么好办法。从东汉到南北朝，500多年时间里，书都是靠人工一笔一画抄写的。其效率之低下，可想而知。

到了隋唐时期，一项划时代的发明——雕版印刷术[①]出现了，这使制作书籍的效率极大提升。又过了两三百年，到宋代时，雕版印刷得到全面发展。从官方到民间大大小小的书坊都采用雕版的方式印书。

宋仁宗庆历年间，杭州有一位从事雕版印刷工作的工匠，名字叫毕昇（shēng）。

毕昇是北宋蕲（qí）州蕲水县（今湖北黄冈英山县）人，少时家境贫寒，家里没钱供他上学。他靠着在学堂外蹭（cèng）课听，竟也认识不少字。毕昇15岁时，父亲不幸亡故。母亲无力抚养他，只好把他送到杭州一家书坊当学徒。

书坊分工明确，写版、刻版、印刷、装订，大家各司其职。作为学徒，毕昇什么活儿都干。他好奇心强，喜欢动脑筋，手脚又勤快，大师傅们都很喜欢他，乐意指点他。就这样过了几年，毕昇学徒期满，正式成为一名雕版工匠。

一天，书坊正在赶工雕刻一部书版。突然，有人惊叫一声："哎呀，不好！"原来他一时心急，刻坏了一个字。大家只能同情地望着他——哪怕只是刻坏一个字，也意味着这块版报废了。

这样的事情，毕昇并没有少经历。

雕版印刷书籍，每印一页，就需要用硬木刻一块版。一部书印下来，需要刻制印版成百上千块，人力物力消耗极大。而且，刻版时要万分小心，只要刻错、刻坏一个字，整块印版就得报废，造成巨大浪费。

创制活字

　　有什么办法能解决这个问题呢？毕昇想到了印章。如果把印版上的每一个字都做成像印章一样的字模，需要印刷的时候，把字模组合起来拼成版，不就可以了？常用字就那么几千个，一次刻几千个字模，不比每印一页书就要雕一块版来得轻松？

　　毕昇先后试着用木头、牛角、羊骨等来刻字模，效果都不是太理想。木头质地疏密不同，沾水后高低不平，还会膨胀、使字失真。牛角刻印章挺好，但用来刻字模，从哪里找那么多牛角呢。羊骨则存在着不容易刻、易老化的毛病。

　　最后，毕昇从盛水的陶罐上得到了启发。陶制品既坚固又不吸水，事先在软泥坯上刻好字，再放进炉窑烧硬，应该是行得通的。

　　他找来胶泥，先做成一个个字坯，趁泥巴还软的时候刻上单个的字。待刻好的字坯稍微阴干，用火烧硬，就成为字模。这些字模笔画清晰、不吸水、坚硬如牛角，品质上佳。相对于印版上的字，这些字模都是能移动的，所以毕昇叫它们"活字"。

　　活字怎么用呢？毕昇准备了一块带框的铁板，铁板跟普通印版一般大小，称为"铁范[②]"。先在铁板上铺一层用松脂、蜡及纸灰混合而成的黏合剂；然后对照书稿，把需要的活字拣出来，一个个排进铁框里；排满一框，紧紧固定住，就是一版。

　　把排好的版放到火上烘烤，等黏合剂融化后，用一块平整的木板把字面压平。黏合剂冷却凝固，铁板上的活字便牢牢地粘为一体，成为一块印版。这时，在活字版上刷上墨、覆上纸，就能开印了。

印完后，把这块活字版拿到火上烤一烤，待粘合剂烤化，轻轻一抖，活字便从铁板上脱落下来，可以用来排新的书版了。

为了提高效率，还可以同时使用两块版，一块版印刷，一块版排版，交替进行。一些经常用到的字，如"之、乎、者、也"等，都准备了较多的活字，以备在同一版内重复使用。而那些不常用的生僻字，如果事先没有准备，临时制作字模也来得及，十分方便。

卓越贡献

官任翰林学士[3]的沈括[4]，听说这件事后十分感兴趣，专程来到杭州拜会毕昇。

沈括是一位富有科学精神的官员，他认为，毕昇的活字印刷术既节省人力、物力，效率又高，实在是一项了不起的创新。他决定上书朝廷，请求在全国推广此法。

但是，当时正赶上王安石变法失败，朝廷由保守派当权，毕昇的创新未能得到重视。无奈之下，沈括只好将活字印刷术记载到自己所著的《梦溪笔谈》中，以便使后世知晓毕昇的伟大功绩。

活字印刷也有不完善的地方。比如以当时的条件，字坯大小无法做到完全一致，排版时不能像雕版那样美观整齐。活字排版也会排错字，甚至出现文字倒置的情况。当时雕版印刷已经十分成熟，大书坊没有动力使用新技术，也是客观存在的情况。

但是，创新的火苗一旦燃起，就会顽强地发出光芒。尽管朝廷不重视，活字印刷的方法仍在民间流传开来，不少小书坊采用活字印刷以降低成本。人们对活字印刷术不断加以改进，锡活字、铜活字、铅活字、转轮排字盘等相继问世。

元朝时，活字印刷术传入欧洲，带动了图书出版业的大发展，为欧洲文艺复兴的到来准备了先决条件，推动人类文明大步向前迈进。

2010年，为纪念毕昇为人类文明做出的卓越贡献，国际天文学联合会将位于月球背面北极区的一个大撞击坑，命名为毕昇环形山。

注：

①雕版印刷术，即在版料上雕刻图文进行印刷的技术。一般选用质地细密的木材（如枣木、梨木等）制成印版，将要印制的内容雕刻在板上，就可以批量印刷了。

②范，铸造器物的模子，这里指排活字的带框铁板。

③翰林学士，在皇帝身边服务的文职官员，负责起草文书等工作，大致相当于皇帝的秘书和参谋。

④沈括，北宋时期政治家，对天文、地理、医药、考古等都颇有研究。他撰写的《梦溪笔谈》一书，涉及自然科学与社会科学的广阔领域，具有极高的科学价值。

联系与思考

处处留心

据说毕昇发明活字，是受到孩子玩"过家家"游戏的启发。孩子们用泥巴捏成锅、碗、桌、椅，随心所欲地摆来摆去。这让毕昇意识到，书版上的字如果做成像印章一样的单字，也可以随意排列组合，摆脱雕版印刷的局限。

毕昇成功制出泥活字后，工友们纷纷说："小孩子玩'过家家'，大家都看到过，为什么只有毕昇想到用这个办法做活字，我们都没想到呢？"书坊老师傅告诉他们："因为毕昇最有心，他早就在琢磨怎么提高印书效率了。"

俗话说，世事洞明皆学问。其实，勤于思考处处留心，也会让你的眼光更敏锐，让你能发现更多有价值的东西。

> 课本延伸

出处：三下·课文10·选做

活字印刷术的意义

高尔基说："书是人类进步的阶梯。"

在活字印刷术出现以前，书籍是财富的象征，一般人没有资格踏上这个阶梯。谁家要是有许多图书，那就意味着他拥有一座金库。因为书籍实在太难得了，需要一个字一个字抄写，或者投入大量人力物力去雕刻书版印制。

活字印刷术出现并逐步得到改进后，低成本、批量化地印制书籍成为现实。金属活字配合油墨和印刷机，让书籍的印制速度和质量极大提升。从此，普通人也可以轻松拥有书籍，学习知识不再是少数人的特权。

正如实用纸张的出现使文化的大规模传播有了依托，活字印刷术的出现，使人类完成从"口传心授"到"文字文明"中的关键一跃。它和造纸术一起，为书籍的广泛传播和文化的交流提供了技术支撑，为人类文明的发展筑牢了根基。

拓展阅读

铅印、胶印与数字印刷

你有没有想过,你现在正在看的这本书,是怎么印刷出来的呢?它是用活字印刷术印出来的吗?

在中国,20世纪80年代以前,铅字印刷还是主流的印刷技术。铅字印刷本质上仍是活字印刷术,只不过所用的技术与毕昇的时代相比,已经天差地别了。那时候,印刷被称为"铅与火的艺术"。在报刊上发表了文章的人,会说自己的文章变成了"铅字"。

此后,随着计算机的发展和激光照排技术的普及,铅字排版印刷逐渐失去优势,胶印成为主流。

雕版印刷、铅印技术中,印版的图文部分是凸起的,所以叫凸版印刷。胶印不同,它是一种平版印刷技术。简单来讲,就是借助胶皮,将印版上的图文传递到纸张(或其他承印物)上。因为胶皮在印刷中起着不可替代的作用,这种印刷方式被称为胶印。

胶印也需要提前制作印版。印版上涂有感光胶,将要印刷的图文投影在印版上进行曝光,再用化学方法去掉未曝光的感光胶部分,就得到可以印刷的印版。印版上有图文的部分是亲油疏水的,印刷时,胶印机里的水辊、墨辊会先后滚过印版。

这样，没有图文的部分会涂上水，有图文的部分会涂上油墨。然后，让覆有胶皮的滚筒滚过印版表面，将油墨转印到胶皮上。最后，再让滚筒滚过纸张，油墨就印在纸张上了。

胶印能够实现高精度的图文印刷，速度还特别快，特别适合大批量印刷。现在，这种印刷工艺广泛应用在出版物印刷上。

而数字印刷，就是去掉制作印版这个步骤，将电脑上设计好的图文数据直接传到数字印刷机上进行印刷。如果你用过打印机，就能轻松理解数字印刷的概念。说白了，数字印刷机就是一台能够应付大批量打印的大型打印机。

数字印刷无需制版，不仅降低了成本，也大大缩短了印刷周期，还可以实现一本起印、按需印刷，是未来印刷发展的新方向。

好了，现在你明白你正看的这本书是用什么方式印刷的了吗？

李时珍：尝遍百草成药圣

人物小传

李时珍（约1518年~1593年），字东璧，号濒（bīn）湖山人，明代蕲（qí）州（今湖北省蕲春县）人，著名医药学家、博物学家，后世尊为"药圣"。他编撰的《本草纲目》是当时最系统、完整、科学的医药学著作，被誉为"东方医药巨典"。

人物故事

立志学医

李时珍的父亲李言闻是一位医生，在家乡蕲州小有名气。那时，医生被视为下九流①，地位低下。李言闻一心想要儿子考取功名，好光宗耀祖。

但是，李时珍仅仅考了个秀才，就放弃科举之路。因为他发现，自己对学医的兴趣远远大过学习四书五经。他对父亲说："我已经下定决心，就算逆流行舟，也万死不辞。"李言闻只好同意。

在父亲的指导下，李时珍开始学医。白天，父亲出诊，李时珍跟着学习临床知识。闲暇时，他便苦读医书。家里的医书读完了，他就到处打听谁家藏有医书，借回来抄录一份仔细研读。

一天，李言闻出门给人看病，李时珍在家里攻读医书，突然来了两个病人，一个眼睛疼，一个腹泻不止。李时珍说："实在抱歉，家父出诊未归，两位还是另请高明吧！"病人痛得受不了，嚷道："你既然是李先生的儿子，肯定也懂点医道，就给我们瞧瞧吧。"李时珍见病人确实拖不得，便仔细诊视一番，开了药方。病人千恩万谢地走了。

晚上，李言闻回来，听说李时珍给人看病，还开了药方，被吓得不轻。李时珍讲了病人的情况和自己开方子的依据，说得头头是道。李言闻这才放下心来。

过了几天，两个病人登门道谢，对李言闻说："我们用了令公子开的药，病很快就好了。"李言闻十分高兴，觉得儿子还真有点儿学医的天赋。这以后，李言闻便准许李时珍给人看病了。

很快，蕲州城里的百姓都知道了李医生的公子看病也不错，有病都去找李时珍看。

药书之误

有一次,李时珍出诊回来,看见一群人扭着一个游方郎中,正准备往县衙里送。一打听才知道,这郎中开药不慎,闹出了人命。

可是,李时珍细细察看,药方并没有问题。他又找来药渣仔细辨别,这才发现,药方上开的黄精居然变成了钩吻。黄精是补药,而钩吻又名断肠草,有大毒。两种药十分相似,常有人误用。李时珍对死者家人说:"你们冤枉这位大夫了,是药铺配错了药。"

谁料,药铺老板听李时珍说自己配错了药,翻开一本药书,振振有词地说:"这上面写得清清楚楚,黄精就是钩吻,就算告

到衙门，我也不怕！"

这件事让李时珍受到很大的震动。后来他又遇到过许多类似的事情，比如把狼毒误认作防葵，把漏蓝子和虎掌混为一谈。而这些错误，都是白纸黑字印在药书上的。

李时珍还碰到过一件让人哭笑不得的事。一次，他听见一个老郎中拿着方子向病人交代："煎药时，等水开三次，一定要投一块锡进去，千万莫忘了！"李时珍十分诧异，便上前请教。老郎中说："这是古方，不会错的！"说着拿出一本书，上面果然清清楚楚地印着"煎至三滚，投锡一块"。

李时珍百思不得其解，回家向父亲说起这件事。父亲哈哈大笑着说："那是刻印错误，那个字不是'锡'，应该是'饧'（'饧'的繁体）。"

饧是粮食熬成的糖，锡是一种金属。把饧误为锡，真是太离谱了。

药是救命的，可药书上有错误，那就是害命了。李时珍道出自己的困惑："现在的药书这么多错误，怎么没有人来订正呢？"父亲告诉他，修订药书不是小事，一般人根本做不了，只有朝廷才有这个力量。

重修本草[②]

十几年后，李时珍成为远近闻名的医生。这些年，他心里一直装着一件事，那就是重修药书。

恰好，嘉靖皇帝下诏要各地推荐名医到太医院就职。李时珍医术精湛，被举荐上去，成为太医院的一名御医。太医院藏书丰富，更有数不清的珍稀药材。李时珍很珍惜这个机会，每天不是研读医书，就是比较、鉴别各种药材。

嘉靖皇帝沉迷炼丹，太医院的那帮医官为了讨好皇帝，也干起炼丹的勾当，没人愿意踏踏实实地钻研医药。李时珍多次建议太医院重修药书，都被这帮人斥为离经叛道。

一年以后，李时珍觉得在太医院学不到更多的东西，便推托说身体有病，递交了一份辞呈。回到家后，他将多年积累的资料整理一遍，决心编一部最全最准确的药典。他给这部书取名《本草纲目》。

但是，李时珍很快就发现，他准备的资料远远不够，还有很多问题需要澄清。他决定到山川大岳去实地查访药物。这一年，李时珍48岁。

简单收拾一下后，李时珍便出发了。没想到，这一去便是三四年时间。在这几年里，他走遍湖北、湖南、江西、安徽、河南、江苏等地，收集了无数的药材资料和民间验方。

有了第一手资料，李时珍开始集中精力编撰《本草纲目》。

万历六年（1578年），在查阅前人药书800余种，"三易其稿"之后，《本草纲目》终于编撰完成。从最初的准备工作，到编写完成，历时27年。

万历二十四年（1596年），《本草纲目》正式刊行，不久便风靡全国。遗憾的是，李时珍并未见到这一天，他在这部书面世前就去世了，享年 76 岁。

注：

①在古代社会中，人们用"九流"来划分不同的阶层和职业，分为上九流、中九流和下九流。下九流指的是地位低下职业的从业者。

②本草，"本"是指草木的根茎，"草"指的是花和叶，"本草"合在一起，用来统称中草药，也指记载中草药的书籍。古人有大量关于中草药的著作以"本草"命名。

联系与思考

实践出真知

为除"讹误差错"之弊、编一部最全最准确的药典，李时珍踏遍湖广、江淮的山川草野，亲尝百草以辨药性，甚至冒险试药以验功效。他服过曼陀罗花，记录下"热酒调服三钱，少顷昏昏如醉"的真实体验；他经过反复试验，否定了"穿山甲通乳因善打洞"的附会之说，揭示其药理源于"能窜经络，达于病灶"；他通过实地调查，纠正了《神农本草经》中"水银无毒，久服成仙"的谬误之说，指出其毒性剧烈，久服必伤肝肾……

李时珍编撰《本草纲目》，是"实践出真知"的生动写照。正是这种"不避艰险，亲力亲为"的实践精神，让他突破了前代医书的局限，用第一手资料为后世留下了一部百科全书式的医药宝典。

课本延伸

出处：二下·语文园地八·我爱阅读·李时珍

《本草纲目》

"本草纲目"的"纲"是概要，"目"是细则，这是一种有别于传统药书分类体系的全新体系。全书共 52 卷，190 余万字，收药物 1897 种，其中新增药物 374 种，全部经过考证；并附药图 1160 幅、药方 11096 条，堪称皇皇巨著。

《本草纲目》问世后迅速流传到日本、朝鲜、欧洲，被翻译成日、英、法、德等文字。

李时珍的另一部著作《濒湖脉学》，影响同样深远。这部作品集前人脉学之大成，详细分析了中医 27 脉相，并用朗朗上口的诗句对每一种脉象做了形象的描述，成为学习中医的必背书目。

拓展阅读

中药的四性五味

人有各种性格。你知道吗？药物也有——这在传统医药里叫四性五味，也称四气五味，是中药学的理论基础。

"四性"是指中药的寒、凉、温、热四种性质。不同性质的药物有不同用途，比如薄荷、金银花是寒性药，能帮身体"灭火"；菊花、荷叶是凉性药，能清热解暑；生姜、红枣是温性药，能暖胃驱寒；附子、肉桂是热性药，像火炉一样，能治疗怕冷、手脚冰凉的毛病。

"五味"是指中药的酸、苦、甘、辛、咸五种味道，每种味道也都有神奇的作用：

酸味药，如山楂、乌梅，能开胃消食；

苦味药，比如黄连、黄芩，虽然苦，但能清热降火；

甘味药，如人参、枸杞，能补气血；

辛味药，如桂枝、麻黄，能发汗散寒；

咸味药，如牡蛎、芒硝，能软坚散结。

中医认为，要保持健康状态，需要使体内阴阳、气血达到和谐平衡。当这种平衡被打破时，疾病就会出现。利用中药的"性""味"进行搭配组合，用药物的偏性来矫正脏腑功能之偏，便能使体内环境恢复正常，从而消除疾病。